Kölner Mythen

Carl Dietmar

Kölner Mythen

oder wie Legenden
entstehen

Ein Beitrag zum kollektiven
Selbstverständnis einer Stadt

J. P. Bachem Verlag Köln

Titelfoto: Der Löwenkampf des Bürgermeisters Gryn (Kölnisches Stadtmuseum)
Umschlag hinten (von oben nach unten):
Reliquien der 11.000 Jungfrauen (Csaba Peter Ratzoczy)
Die Schlacht von Worringen (Historisches Archiv des Erzbistums Köln)
Karneval im 19. Jahrhundert (Kölnisches Stadtmuseum)
Peter Millowitsch als „Schäfers Nas" (Stefan Worring)

Bildnachweis:
Rheinisches Bildarchiv: Seite 21, 25, 40, 53, 62, 75, 177
Kölnisches Stadtmuseum: Seite 90
Wallraf-Richartz-Museum: Seite 17
Stefan Worring: Seite 48
Helmut Koch: Seite 117
Csaba Peter Ratzoczy: Seite 122
Autor: Seite 86

Die Deutsche Bibliothek – CIP-Einheitsaufnahme

Dietmar, Carl:
Kölner Mythen oder wie Legenden entstehen
Carl Dietmar. – 1. Aufl. – Köln : Bachem, 1999
ISBN 3-7616-1419-5

1. Auflage 1999
© J. P. Bachem Verlag, Köln
Einbandentwurf: Heike Unger, Köln
Satz und Druck: Druckerei J. P. Bachem GmbH & Co. KG Köln
Printed in Germany
ISBN: 3-7616-1419-5

Inhaltsverzeichnis

In eigener Sache

Um es gleich zu sagen: Dieses Buch ist eine Liebeserklärung an Köln.

Schon viele Autoren haben es unternommen, die Unvergleichlichkeit dieser Stadt aller Welt zu vermitteln, es werden, da bin ich ganz sicher, weitere folgen, wetteifernd im Lobpreis Kölns.

Jenen, die sich dazu berufen fühlen, kann man es also getrost überlassen, die rheinische Metropole von ihrer Schokoladenseite zu zeigen. Was viele Kölnerinnen und Kölner vielleicht überrascht: Köln hat auch einige – allerdings liebenswerte, gern übersehene – Schwächen; bisweilen klafft, was ja nur menschlich ist, eine Lücke zwischen Anspruch und Wirklichkeit. Einige dieser Lücken aufzuzeigen, etwa die schnöde Behandlung eines Baches – das wird in diesem Buch versucht.

Seit mehr als 30 Jahren lebe ich in Köln (das sagt schon einiges), seit etwa 1976 beschäftige ich mich mit Köln und seiner Geschichte, seit 1983 als Mitarbeiter des „Kölner Stadt-Anzeiger". Einige Kapitel dieses Buches basieren auf Artikeln, die ich (teilweise in Zusammenarbeit mit Kollegen) für diese Zeitung verfaßt habe. Diesen Kollegen, Norbert Ramme und Detlef Schmalenberg, gebührt in erster Linie mein Dank.
Des weiteren sei an dieser Stelle all jenen Fachkollegen und Köln-Kennern gedankt, die mir in Gesprächen, Diskussionen und Foren diese Stadt samt ihrer Eigenart nahebrachten, erwähnt sei neben Jürgen Becker, Werner Beutler, Werner Jung, Werner Schäfke, Max-Leo Schwering, Martin Stankowski, Hugo Stehkämper und Klaus Zöller (in alphabetischer Rei-

7

henfolge) nicht zuletzt der Vorsitzende der „Freunde des Kölnischen Stadtmuseums", Jan Brügelmann, der unlängst – hinsichtlich der NS-Zeit – den keineswegs selbstverständlichen Satz formulierte: „In Köln gab es weder mehr noch weniger Nazis als in anderen Städten, gab es weder mehr noch weniger Widerstand als anderswo."

September 1999   Carl Dietmar

Köln wird immer mehr Berlin.
Humorgemüt ins Große.
Das wär mein Wunsch: Köln anzuziehn
Wie eine schöne Hose.
Köln wär dann stets um mich
Auf meinen Wanderwegen.
Köln, ich sehne mich in dich.
Ach, komm mir doch entgegen.
(frei nach Ringelnatz)

Prolog

Die Krone aller Städte

Selbstverständnis oder kollektiver Autismus?

Jürgen Becker (der Kabarettist, nicht zu verwechseln mit dem gleichnamigen Schriftsteller oder dem Abbruchunternehmer aus Wesseling) erzählt gerne die Geschichte eines Brauchtumsexperten, der angeblich über 10 000 Lieder gesammelt hat; Lieder, die sich ausschließlich mit Köln beschäftigen oder von Kölner Komponisten geschaffen wurden (in vielen Fällen liegt da im übrigen eine Koinzidenz vor). Schätzungsweise neun Zehntel dieser Lieder besingen die Schönheit und Anmut der Stadt und ihrer Bewohner, ihre Einmaligkeit und ihr weltstädtisches Flair: „Dat Hätz vun d'r Welt, dat schleit en Kölle" – so oder so ähnlich tönt es irgendwie aus jedem dieser Werke. Und nur in Köln kann man auf die eigentlich naheliegende Idee

9

kommen, Sinatras Hymne an New York „einzukölschen" (wie man hierzulande sagt). Das klingt dann ebenso weltstädtisch: „Do bes ming Stadt, do bes ming Hätz – Kölle am Rhing!" Köln – die Krone aller Städte, wie es schon in der 1499 erschienenen Koelhoffschen Chronik formuliert wurde: „Collen eyn kroyn boven allen steden schoyn"…

In Frankfurt am Main stellt sich der gemeine Hesse, wie der lokalen Nationalhymne zu entnehmen ist, immer wieder eher rhetorisch die Frage: „Es will mer net in den Kopp enoi, wie kann en Mensch net von Frankfort soi?" In Köln setzt man sich dagegen vom Rest der Welt ab: „Dat jitt et nor en Kölle" – ein Satz mit einem Wahrheitsgehalt von kaum zu erahnendem Ausmaß…

Dem Besucher, der – um ein Beispiel zu nennen – in der fünften Jahreszeit, in der Session, im „Fasteleer", in die Stadt kommt, treten schnell einige singuläre, äußerst denkwürdige Phänomene vor Augen: Am Rosenmontag stehen in der Regel mehrere Millionen (?) Menschen am Zugweg, mehrheitlich total bis dezent kostümiert, mehrheitlich dezent bis total alkoholisiert, um im tosenden Lärm immer wieder zwei Dinge einzufordern: Klebrige Bonbons und kleine Blumengebinde – „Kamelle" und „Strüßjer", so wird pausenlos skandiert, immer wieder unterbrochen von jener Parole, mit der sich die Kölner selbst hochleben lassen: „Kölle Alaaf!" Selbst anhand des organisierten Karnevals wird deutlich, daß die Jecke zwar gern und heftig lachen, sich aber ab und an auch der Rührung hingeben. Etwa so: Auf einer Herrensitzung wird der Ostermann-Klassiker „Heimweg nach Köln" gespielt, ein ganzer Saal voller Kölner unterdrückt, wohlgemerkt in Köln, nur mühsam die Tränen – schon der Gedanke, weg von Köln zu sein, ruft kollektives Heimweg und kaum zu bändigende Rührung hervor – das gibt es nur in Köln…

Die andere Seite: Es soll sinistre Menschen und Mächte geben, die sich gegen Köln verschworen haben. „Die häßlichste Stadt

Deutschlands" – als dieses zweifellos bösartige Verdikt, vom Bund Deutscher Architekten vor einigen Jahren gegen unsere Stadt geschleudert, in Köln bekannt wurde, kam schon ein wenig Ärger auf, er hielt sich aber in Grenzen; wenn Kritik von außen geäußert wird, praktiziert man hierzulande ein genial simples Lebensmotto: „Einfach ignorieren!" Was außerhalb der Stadtgrenze passiert oder gesagt wird, interessiert in der Regel kaum jemanden – es sei denn, es ist positiv: Wenn etwa in der Kirchenzeitung von St. Paul in Minneapolis die Kölner Verkehrsbetriebe ob ihrer umfassenden Kundenfreundlichkeit gelobt werden, wird der Artikel einige Tage später in irgendeinem Kölner Blatt zitiert…

Kaum jemand in Köln nahm also wahr, daß in einem Reclam-Bändchen die Stadt zu den „öden Orten" der Republik gezählt wird – allerdings in prominenter Gesellschaft von Metropolen wie Bielefeld, Kaiserslautern und Pirmasens. Der Schriftsteller Peter O. Chotjewitz, der angeblich 'mal in Köln gelebt haben will, regt sich über die Kölner Kunst auf – und über Unmengen von Hundekot: „Kunst und Köter, da lassen sie nichts darauf kommen. Was die Kölner Stadtverwaltung für Kunst hält, das ist wie der ruhende Verkehr auf den Bürgersteigen. Werden ja permanent irgendwelche Denkmäler aufgestellt und in der Lokalpresse bejubelt. HA Schult und sein Flügelauto zum Beispiel. Das ist Köln, wie es singt und lacht. Überall auf der Welt muß der Halter sein Auto ordentlich entsorgen, wenn er es stillegen will. Nur in Köln darf er es auf den Turm des Stadtmuseums stellen und behaupten, es wäre Kunst." (Wie weit der Köln-Hass bei Chotjewitz geht, zeigt sein Elaborat „Das Wespennest", in dem er einen längst verstorbenen Kölner Kollegen, nämlich Rolf Dieter Brinkmann, als einen „miesen, selbstgefälligen Faschisten und Frauenhelden" abqualifiziert, der „am liebsten die ganze Menschheit ausgerottet hätte, aber zu blöd war, eine Straße zu überqueren").

In einem zweiten Beitrag über den „öden Ort" Köln drängte es einen gewissen Bernd Rauschenbauch, seine ganze infantile Indolenz unter die Leute zu bringen: „Köln – das ist die Stadt Willi Millowitschs (rülps), die Stadt kleiner labriger Biere (kotz), die Stadt des Rosenmontagszuges (kotz-kotz), des Adenauer-Katholizismus' (kotz-kotz-kotz) und einer Sprache, die man nur verstehen kann, wenn man wie Heinrich Böll aussieht." Selten hat es jemand in so maßloser Dreistigkeit geschafft, in einem Satz all das zu verunglimpfen, was uns in dieser Stadt ans Herz gewachsen ist – pfui…

Was ist Köln nun aber? Der unvergessene Schriftsteller und Architekturkritiker C. O. Jatho hat das einmal so beantwortet: „Köln ist ein Vieles – doch stellt sich das Viele nicht unbedingt als ein Viel dar, als eine Einheit, als ein durch seine Vielheit sich aufgipfelndes *multum*." Alles klar? In keiner anderen Stadt habe man sich publizistisch so regsam und leidenschaftlich um die „Bewältigung eigener Geschicke" bemüht – „wer aber", fragt Jatho, „möchte versuchen, einem Phänomen wie Köln anderen als fragmentarischen Ausdruck zu geben?"

In Köln hat man es dennoch versucht: Es gibt Geschichtsbücher, die nicht mit den ersten Spuren menschlicher Besiedlung der Kölner Bucht beginnen – sondern mit dem Urknall. Karten des Urkontinentes Gondwana belegen dann, daß „Köln" etwa 530 bis 495 Millionen Jahre „vor heute" mitten im Meer lag. Gegen Ende der Kreidezeit (vor 65 Millionen Jahren) gehörte Köln demnach interessanterweise zum kleinen „Mitteldeutschen Festland" – so geht es seitenlang weiter bis ins Holozän.

Bei derartigen Ausführungen kommen dem aufmerksamen Leser andere, ähnlich außergewöhnliche Bücher in den Sinn, die Bücher Mose, vor allem deren erstes, in dem die Genesis beschrieben ist. Die Geschichte des jüdischen Volkes begann ja auch mit der Erschaffung der Welt. So ist das also: Es gibt ein auserwähltes Volk, die Juden – und eine auserwählte Stadt: Köln.

Colonia Sancta – das „hillige Coellen"

Von der Qualität zur Quantität

Kaum eine andere deutsche oder europäische Stadt erfreut sich einer so großen Zahl von Beinamen wie Köln. Da gibt es „das Rom des Nordens", „die nördlichste Stadt Italiens", „die südlichste Stadt der Niederlande" – ja was denn nun? fragt in diesem Fall der geographisch versierte Beobachter. Köln sei „Kunststadt", „Medienmetropole", „Sportstadt" (möglicherweise ironisch gemeint), „Duft-" und „Messemetropole", so hört man allenthalben, ein inzwischen abgehalfterter Oberstadtdirektor kreierte das sagenhafte „Wirtschaftszentrum West"; einzig trefflich war indessen in den 60er Jahren, als auf Kölner Straßen, vornehmlich im Friesenviertel, Zuhälterkriege (mit Beteiligung zugereister Wiener Loddel) ausgetragen wurden, das „Chicago am Rhein".

Die meisten dieser schönen *Epitheta* haben sich die Kölner selbst verpaßt – das hat eine lange Tradition, hier sei an die Eigenwerbung im *Anno-Lied* erinnert, wo es heißt: „Köln ist als schönste Stadt bekannt, die es je gab im deutschen Land."

Der Beiname, der sich am längsten hielt (und hält), ist der des „heiligen Köln", auf Lateinisch hieß das *Colonia Sancta*. Der Begriff taucht erstmals im 9. Jahrhundert auf – auf karolingischen Münzen, die in Köln geprägt wurden; der König, der damals über das lothringische Mittelreich (zu dem Köln gehörte) regierte, hörte auf den schönen Namen Zwentibold. Wir wissen also, wer die Münzen prägen ließ, wer den Begriff prägte, wissen wir nicht; wir können aber – siehe oben – getrost annehmen, daß sich die Kölner auch das bescheidene Etikett *heilig* selbst anhefteten.

Im übrigen mit einiger Berechtigung, möchte man meinen: Köln kann auf eine lange Geschichte als christliche Metropole zurückblicken – als erster Bischof der römischen CCAA (der *Colonia Claudia Ara Agrippinensium*, so der Name der Hauptstadt der Provinz Niedergermanien) wird im Jahre 313 Maternus erwähnt; selbstverständlich war der Mann ein *Heiliger*, der die Tradition der „heiligen" Kölner Bischöfe begründete. Aus der langen Reihe seiner Nachfolger seien stellvertretend genannt Severin, Kunibert, Bruno und Heribert.

In keiner anderen deutschen Stadt gab es eine solche Anhäufung von Reliquien – auch hier kann man nur Beispiele nennen, die aber durchaus den internationalen Anspruch hiesiger Heiligkeit belegen: In St. Gereon lagern die Überreste des gleichnamigen Heiligen und seiner Märtyrer-Kollegen von der thebaischen Legion, in St. Ursula die der englischen Königstochter Ursula und ihrer jungfräulichen Begleiterinnen (siehe Kasten: „Reliquienvermehrung op kölsch"), Teile des englischen Märtyrers Alban wurden in St. Alban verehrt, in St. Kunibert stehen die Schreine der beiden Ewalde, die von Sachsen oder Friesen massakriert wurden; im 10. Jahrhundert brachte der erwähnte *heilige* Erzbischof Bruno, ein notorischer Reliquiensammler, den Stab und die Kette des Apostels Petrus nach Köln sowie „die Gebeine der herrlichen und hochberühmten Märtyrer Patroklus, Eliphius, Privatus und Gregorius und die kostbaren Reliquien des Christophorus und des Pantaleon" (so sein Biograph). Theophanu, die Gemahlin seines Neffen Otto, der als der zweite Kaiser dieses Namens geführt wird, fand in St. Pantaleon, in der Kirche ihres griechischen Landsmannes, ihre letzte Ruhestätte. 1248 übergab der französische König Ludwig IX. (mit dem Beinamen *der Heilige*!) dem – natürlich – *heiligen* Albertus Magnus eine Partikel vom *heiligen* Kreuz, das dieser nach seiner Rückkehr aus Paris dem Dominikanerkloster in der Stolkgasse darreichte. Nachdem im 12. Jahrhundert die Reliquien der Heiligen Drei Könige im Dom aufgestellt worden waren (über die Umstände ihres „Umzuges" von Mailand nach Köln wollen wir lieber schweigen), schrieb ein Besucher: „Von jener Zeit an begann Köln zuzunehmen an Namen und Ruhm, so daß bis heute, angezogen vom Duft der Heiligen Könige, von den Inseln des Meeres und aus verschiedenen Ländern die Gläubigen unaufhörlich zusammenströmen, Iren, Bretonen, Engländer, Spanier, auch aus Italien, Sizilien und Gallien, um hier ihre Gelübde zu erfüllen."

Köln war damit ein ranghoher europäischer Wallfahrtsort, wie Rom und Santiago de Compostela – Martin Stankowski hat das mittelalterliche Köln einmal unvergleichlich schön als „Pilgerzentrum West" bezeichnet.

Je mehr Reliquienschätze zusammengetragen wurden, desto mehr Kirchen und Kapellen, Stifte, Klöster und Konvente entstanden im „hilligen Coellen"; wieviele es waren, weiß keiner so genau. Besucher waren immer wieder überrascht von der Vielzahl der Kirchen und Kirchtürme, die das Stadtbild prägten. So schrieb der französische Kanoniker Claude Joly, der Köln im Jahre 1647 aufsuchte: „Die Kirchen sind so zahlreich, daß beinahe eine auf der anderen sitzt. Man zählt ihrer, wenn ich mich nicht irre, 260, nicht gerechnet die kleinen Kapellen. Die meisten stecken voller Reliquien – darum spricht man auch von der *heiligen* Stadt, aber ich zweifle, daß die alle echt sind." Einige Jahre zuvor hatte der englische Reiseschriftsteller Thomas Coryat eine grobe Schätzung gewagt: „Köln hat so viele Kirche wie Tage im Jahr."

Der Charakter einer Stadt wird aber doch vor allem von den Menschen geprägt, die in ihr leben. Wenn es darum geht, „heilige" oder zumindest „heiligmäßige" Kölner und Kölnerinnen namhaft zu machen, dann stellt sich die Frage: Wen soll man nennen? Natürlich die schon erwähnten Bischöfe – aber was ist mit dem *heiligen* Anno, der die Kölner nach der Niederschlagung ihrer Revolte ganz unchristlich und ohne jedes Erbarmen bestrafte? Gehört der *heilige* Engelbert dazu? Der soll als waffenstarrender Kriegsmann ein nicht gerade heiligmäßiges Leben geführt haben, einer seiner Kleriker soll ihm das sogar ins Gesicht gesagt haben: „Herr, Ihr seid ein guter Herzog, aber kein guter Bischof!" Schon Engelberts Hagiograph Cäsarius von Heisterbach schrieb entschuldigend: „Die Heiligkeit, die seinem Leben abging, erwarb er durch seinen Tod." Engelbert, so ist anzumerken, wurde aber nicht als Bischof oder ob seines christlichen Glaubens ins Jenseits befördert, sondern im Streit mit der Verwandtschaft – es ging um handfeste materielle Interessen.

Unbestreitbar *heilig* war, das wollen wir fairerweise festhalten, der Hl. Bruno, der Gründer des Kartäuserordens; zu dessen Lob und Herkunft aus dem „heiligen Köln" hielt im Jahre 1516 Peter Blomeva, der Prior der Kölner Kartause, auf dem Generalkapitel in der Grande Chartreuse eine flammende Rede – und er schenkte der Versammlung ein Bild Kölns, das er eigens malen ließ. Dann gibt es noch den Hl. Hermann Joseph von Steinfeld und – ja, wen noch? Wer kennt etwa den Hl. Johannes von Köln, einen Dominikaner, der im 16. Jahrhundert von niederländischen Calvinisten umgebracht wurde?

Hier wird ein typisch kölsches Dilemma sichtbar: Wenn wir das Mittelalter verlassen, treffen wir auf immer weniger „heiligmäßige" Mitbürger. Gut, es gab Friedrich von Spee, Adolph Kolping, neuerdings Edith Stein – andererseits hat man in Köln, wie so oft, Qualität durch Quantität ersetzt. Im 18. Jahrhundert sollen im Schnitt etwa 3000 Personen geistlichen Standes in der heruntergekommenen „freien Reichsstadt" gelebt haben; das waren fast zehn Prozent der gesamten Bevölkerung!

Wenn wir dieses Zahlenverhältnis auf die Gegenwart übertrügen, hieße das: Wir hätten heutzutage, bei fast einer Million Einwohnern, 100 000 Kleriker in Köln, eine Vorstellung, die vor allem unseren gegenwärtigen Herrn Erzbischof, den Kardinal Meisner (früher Ost-Berlin), begeistern wird – das „Klerikerzentrum West"...

Das Martyrium der hl. Ursula (Kölnischer Meister, um 1450–1460)

Reliquienvermehrung op kölsch

Im Jahre 451 n. Chr., in den letzten Tagen der Römerherrschaft am Rhein, ziehen die Hunnen unter ihrem König Attila, genannt „die Geissel Gottes" (seine Zelthauptstadt befand sich in der ungarischen Tiefebene), nach Gallien; die Hunnen, seit dem Jahre 375 in Europa, haben zahlreiche germanische Stämme und Völkerschaften unterworfen. Von Gallien aus wollen sie zusammen mit den Vandalen, die über Spanien zu Hilfe kommen sollen, dem weströmischen Reich ein Ende machen. Doch in der Nähe von Orleans stellen sich Weströmer unter dem Feldherrn Aetius und die mit ihnen verbündeten Westgoten (die sich in Südwestfrankreich und Nordspanien angesiedelt hatten) den Hunnen und ihren germanischen Hilfsvölkern (darunter den Ostgoten) in den Weg – auf den Katalaunischen Feldern kommt es zur sogenannten „Völkerschlacht", nach dreitägigem Ringen ziehen die Hunnen nach Ungarn ab – welchen Weg sie dabei nehmen, ist unbekannt…
Vor dem nördlichen Teil der Kölner Römermauer wird etwa um das Jahr 400 von einem Senator namens Clemantius eine Basilika „erneuert", die „heiligen Jungfrauen" gewidmet ist; die wiederum sollen hier ihr Martyrium erlitten haben. Bis ins 10. Jahrhundert wird diese Kirche „zu den Heiligen Jungfrauen" genannt. Wahrscheinlich um 500 wurde in der Nähe dieser Kirche ein Grabstein aufgestellt, dessen Inschrift berichtet, „hier liegt ein unschuldiges Mädchen namens Ursula, das acht Jahre, zwei Monate und vier Tage lebte." Offensichtlich hat der Fund dieses Grabsteins im 10. Jahrhundert dazu beigetragen, der Anführerin der Jungfrauen den Namen Ursula zu geben; damals ist die Legende zum ersten Mal niedergeschrieben worden – hier werden zum ersten Mal drei Überlieferungsstränge zusam-

mengeführt, hier heißt es zum ersten Mal, die Hunnen hätten Köln belagert und dabei die Jungfrauen, von elf ist die Rede, umgebracht.

Um 1106 erlebt diese Legende eine ungeheure Renaissance, als man bei den Arbeiten an einer neuen Stadtmauer ein römisches Gräberfeld in der Nähe der nun St. Ursula genannten Kirche entdeckt – die vermeintliche Ruhestätte der hl. Jungfrauen. Ein wahres Reliquienfieber setzt ein – da man neben den Knochen zahlreicher Frauen (so stieg die Zahl der Jungfrauen allmählich auf 11 000) auch die von Männern und Kindern findet, wird die Legende kurzerhand ein zweites Mal umgestaltet: Auf Bitten des Abtes der Deutzer Benediktinerabtei bestätigt die Seherin Elisabeth von Schönau im Jahre 1156, daß auch Männer, darunter Bischöfe und Kleriker, und Kinder sich den Jungfrauen angeschlossen hätten, um mit ihnen das Martyrium vor den Toren Kölns zu erleiden. Seit dieser Zeit beteiligen sich die Deutzer Mönche am schwunghaften Reliquienhandel – sie „deuten" die gefundenen Überreste: Ganze Wagenladungen von Gebeinen gehen aus der Kölner Vorstadt über den Rhein; dort werden sie mit Namensschildchen (lat. *tituli*) versehen – so kommen allmählich Tausende von Namen zustande, deren Trägerinnen zum Gefolge der hl. Ursula gehörten. Das Martyrium der heiligen Jungfrauen gehört zu den Kölner Legenden, die schon im Spätmittelalter Künstler inspirierten – so enthält eine Darstellung der Legende, die ein unbekannter Maler, genannt der „Meister der kleinen Passion", etwa im Jahre 1411 schuf, die erste annähernd getreue Kölner Stadtansicht. Wie wichtig die Reliquien darüber hinaus waren, zeigte sich noch im Jahre 1517, als Kaiser Maximilian I. seinen portugiesischen Verwandten (seine Mutter Eleonore kam aus dem portugiesischen Königshaus) die Reliquien einer Ursula-Begleiterin, der hl. Aukta, schenkte, die er in Köln erworben hatte. 1522 wurde im Kloster Madre de Deus in Xabregas ein Flügelaltar aufgestellt, auf dem ebenfalls das Martyrium der elftausend Jungfrauen, an herausgehobener Stelle natürlich das Auktas, dargestellt ist.

Im Spätmittelalter erfährt die Legende ihre endgültige Ausprägung: Die fromme englische Königstochter Ursula soll mit dem heidnischen Königssohn Ätherius verheiratet werden – sie willigt unter der Bedingung ein, daß sie vorher für drei Jahre auf Pilgerfahrt gehen darf. Mit ihren Schiffen und ihren Begleiterinnen wird sie nach Holland und nach Köln verschlagen, wo ihr ein Engel im Traum befiehlt, nach Rom zu ziehen. Auf der Heimreise, so sagt der Engel voraus, werden sie in Köln den Märtyrertod erleiden. Als Ursula und die 11 000 Jungfrauen nach Köln zurückkehren, wird die Stadt gerade von den Hunnen belagert. Ursula weist den von ihrer Schönheit angezogenen Hunnenkönig (in der frühen Version heißt er Julius, später Attila oder Etzel) ab, der sie daraufhin mit einem Pfeilschuß tötet und die anderen Jungfrauen umbringen läßt. (In anderer Version gibt es eine umgekehrte Reihenfolge des Ablebens). Nachdem die Hunnen von einem Engelheer vertrieben werden, bestatten die Kölner die Leichen der Jungfrauen vor den Toren ihrer Stadt – und zu Ehren der Märtyrerinnen wird eine Kirche gebaut, St. Ursula.

Die Schlacht von Worringen (Koelhoffsche Chronik von 1499)

Freiheitskampf und demokratische Verfassung

Die Schlacht von Worringen

Es war ein Samstag, jener 5. Juni 1288, der als einer der großen Tage der Kölner Geschichte gilt. Auf der Fühlinger Heide bei Worringen standen sich etwa 15 000 Männer gegenüber, bereit, aufeinander einzuschlagen – Ritter, Bogenschützen, Lanzenträger, Knappen, aber auch mehr oder weniger schlecht bewaffnete Handwerker und Bauern. Die Männer kamen aus allen Teilen des Rheinlandes, aus Belgien, Holland, Luxemburg, dem Sauer- und dem Bergischen Land – und selbstredend aus Köln.

Die Schlacht, die an diesem Tag geschlagen wurde, entschied den „Limburger Erbfolgekrieg" – es ging um den Besitz des maasländischen Herzogtums Limburg, das nach dem Aussterben seines Herrscherhauses im Jahre 1280 von mehreren Erbberechtigten beansprucht wurde, nahen Verwandten des Limburger Hauses; darunter befanden sich Graf Reinald von Geldern, der eine Tochter des letzten Herzogs geheiratet hatte, Graf Adolf V. von Berg, ein Enkel des vorletzten Limburgers, sowie mehrere Mitglieder des Luxemburger Grafenhauses, die ebenfalls in direkter männlicher Linie vom früheren Herzog Walram III. abstammten.

Der Erbstreit entwickelte sich indessen zu einer Auseinandersetzung um die Vorherrschaft am Niederrhein – Adolf von Berg hatte nämlich bereits 1283 seine Ansprüche auf Limburg

22

an Herzog Johann I. von Brabant verkauft; der war neben dem Kölner Erzbischof der mächtigste Fürst im Nordwesten des Reiches.

Siegfried von Westerburg, der seit 1275 der Kölner Kirche vorstand und mit rücksichtsloser Zielstrebigkeit einen „kurkölnischen" Großstaat zwischen Maas und Weser anstrebte (der Kölner Erzbischof hatte 1180, nach dem Sturz Heinrichs des Löwen, Teile des Herzogtums Westfalen erhalten, beanspruchte darüber hinaus den sogenannten „rheinischen Dukat"), war daraufhin auf die Seite der geldrisch-luxemburgischen Partei getreten; die sollte sich im Frühjahr 1288 auf Heinrich von Luxemburg als einzigen rechtmäßigen Herzog von Limburg einigen. Nach und nach sahen sich fast alle Landesherren der Region zur Parteinahme genötigt.

Was aber – man wird ja mal fragen dürfen – hatte das alles mit Köln zu tun?

Eigentlich so gut wie nichts. Siegfried von Westerburg war damals Herr der Stadt Köln – nach mittelalterlicher Rechtsauffassung mit Fug und Recht. Noch 1258 hatte der hochgelehrte Albertus Magnus im „Großen Schied" unmißverständlich festgestellt: „Es ist wahr, daß die geistliche und weltliche Gewalt in Köln in den Händen des Erzbischofs liegt." Seit Mitte des 10. Jahrhunderts, mit dem Pontifikat des Kaiserbruders Bruno (953–965), stand Köln unter der Herrschaft des Krummstabes. Mit dem Aufstand gegen Erzbischof Anno im Jahre 1074 begann dann allerdings eine lange Reihe von Auseinandersetzungen, in denen sich die Bürger Kölns von ihrem Stadtherrn emanzipierten und ihren Freiheitsraum Schritt für Schritt erweiterten.

Solche Bestrebungen lagen im Trend einer Entwicklung, die im gesamten Nordwest- und Mitteleuropa zur Ausbildung des „Stadtrechtes" führte. Dieses Recht, das Selbstverwaltung sowie persönliche Freiheit und Gleichheit innerhalb des Bürgerverbandes gewährte, galt nur innerhalb der Stadtmauern – damals entstand das geflügelte Wort: „Stadtluft macht frei." Dennoch hatte jede „freie" Bürgergemeinde einen Herrn, einen geistlichen oder weltlichen Fürsten. Zahlreiche Städte, seit Mitte des 13. Jahrhunderts nannte man sie vereinzelt „Reichsstädte" (*civitas imperialis*), unterstanden direkt dem König.

Als wichtiger Erfolg auf dem Weg zur Kölner „Stadtfreiheit" gilt der 1179/80 – zunächst gegen den Willen des Erzbischofs – begonnene Bau der Stadtbefestigung; die gewaltige Anlage, sie wurde gegen 1250 fertiggestellt, machte Köln praktisch uneinnehmbar.

Im Laufe des 13. Jahrhunderts verschlechterte sich gleichzeitig das Verhältnis zwischen Bürgerschaft und Erzbischof. Trotz einiger Phasen guten Einvernehmens, etwa als Konrad von Hochstaden der Stadt das Stapelrecht verlieh, auf die Biersteuer verzichtete und den Grundstein zum gotischen Dom legte, gab es immer wieder Kompetenzstreitigkeiten zwischen erzbischöflichen Amtleuten und den Organen der Kölner Selbstverwaltung, die sich im Laufe der Zeit gebildet hatten, dem Rat, der Richerzeche und dem Schöffenkolleg.

Der historische Kern einer der beliebtesten Kölner Sagen, der vom Löwenkampf des Bürgermeisters Hermann Gryn, stammt aus dieser Zeit, genauer gesagt, so die kölnische Überlieferung, aus dem Jahre 1262. Zwei Domherren des Erzbischofs Engelbert von Falkenburg, so heißt es da, hätten den Bürgermeister geradezu gehaßt, weil er in seinem Kampf gegen die erzbischöfliche Willkür nicht nachließ. Zu ihrer Kurzweil hatten sich diese Herren einen Löwen angeschafft, der in einem Zwinger im Binnenhof des Domherrenhauses gehalten wurde. Eines Tages luden die beiden „Pfaffen" den Bürgermeister, der das seltene Tier noch nicht gesehen hatte, zum Frühstück ein. Als man zusammen an reichgedeckter Tafel saß, brüllte im nahen Zwinger der Löwe. „Mir scheint, er hat Hunger", soll Gryn gesagt haben. „Die Bestie weiß, daß sie zur Stunde gesättigt wird", war die vielsagende Antwort. Die Domherren führten den neugierigen Bürgermeister zum Käfig – und stießen den nichtsahnenden Mann kurzerhand hinein, in den „Löwenhof", wo das Untier bereits wartete. Gryn aber behielt klaren Kopf, wickelte seinen Mantel um den linken Arm und zog mit der Rechten ein Kurzschwert, mit dem er den Löwen schließlich tötete. Die Domherren ließ er ergreifen und beim Domkloster am Tor aufhängen – dieses Tor hieß seitdem „Pfaffenpforte". Eine Bildtafel an der Vorhalle des Rathauses und eine Inschrift in dessen „Löwenhof", dem Ort des Kampfes, erinnern an die heldenhafte Tat.

Das Ende zweier Domherren: die „Pfaffenpforte"

Engelbert von Falkenburg wollte es unter diesen Umständen einige Jahre später, 1268, nicht länger hinnehmen, daß sein Stadtregiment mehr und mehr ausgehöhlt wurde. Die Zeit zum harten Durchgreifen schien günstig – die Stadt wurde von Parteienkämpfen erschüttert. Die bisher führende Familie der „Weisen" war von den Overstolzen, einem Clan, der im Filzengraben und in der Rheingasse zu Hause war, abgelöst worden. Mit Hilfe der „Weisen" und ihrer Anhänger wollte Engelbert die Stadt regelrecht erobern und seine unumschränkte Herrschaft installieren. Doch der Überfall an der Ulrepforte (eine kölnische Legende berichtet, ein Verräter habe die Feinde in die Stadt eingelassen) mißlang – die Mehrheit der Familienverbände hielt zu den Overstolzen, deren Haupt, Mathias Overstolz, im Kampf gegen die Eindringlinge fiel.

Der Sohn des Mathias, Gerhard, gehörte 20 Jahre später zu den treibenden Kräften, die die Bürgerschaft in den Waffengang mit dem Erzbischof führten. Dabei nutzten die Kölner geschickt und mit einer gehörigen Portion Opportunismus den beschriebenen Konflikt um das Herzogtum Limburg aus.

Der Erbfolgestreit hatte die Stadt bis 1288 insofern betroffen, als der Kölner Handel von den kriegerischen Auseinandersetzungen in Mitleidenschaft gezogen worden war. Vor allem die erzbischöfliche Burg in Worringen war den Bürgern ein Dorn im Auge – deren Besatzung nahm vorbeiziehende Kaufleute in Raubrittermanier aus. Im Juli 1287 bekam Köln indessen die Zusage Siegfrieds von Westerburg, die Burg nach einem Friedensschluß abreißen zu lassen. Dafür gelobten die Bürger dem Kirchenfürsten feierlich die Treue – und sie versprachen, sich nie und nimmer seinen Feinden anzuschließen.

Am 24. Mai 1288 – die Brabanter hatten den Krieg mittlerweile ins Rheinland getragen – forderten Kölner Unterhändler den Erzbischof auf, „zum Wohle des Vaterlandes mit dem

Herzog von Brabant einen Landfrieden zu beschwören". Um die Kölner hinzuhalten, bat Siegfried um ihre Vermittlung – so zog die Abordnung nach Brühl, wo Johann von Brabant sein Hauptquartier errichtet hatte.

Der Herzog erklärte, auch *er* wünsche den Landfrieden – und stellte den Kölnern zugleich in Aussicht, bei der Aufhebung des „Räubernestes" Worringen zu helfen.

Mit diesem Angebot, so hat Hugo Stehkämper einmal formuliert, „überrumpelte" Johann die Gesandten aus Köln. Sie trugen nämlich den erzbischöflichen Vermittlungsauftrag gar nicht mehr vor, sondern ließen sich als Verbündete Brabants vereinnahmen.

Am 27. Mai 1288 zog der Herzog mit seinen Truppen in Köln ein, von den Bürgern „wie ein Engel" empfangen. Im Stift Mariengraden (südlich des Doms, auf dessen Baustelle noch unvermindert zielstrebig gearbeitet wurde) beschworen dann der Brabanter, die Grafen von Mark, Berg und Jülich sowie die Stadt einen „Landfrieden zwischen Maas und Rhein". Im Abkommen wurde der Gegner namentlich nicht genannt, aber allen war klar, gegen wen es ging: den Erzbischof von Köln, „den man so erniedrigen wollte, daß er keine Macht mehr habe, jemanden zu kränken", wie ein Zeuge der Vereinbarung überliefert. Lassen wir noch einmal Hugo Stehkämper, den langjährigen Direktor des Historischen Archivs der Stadt Köln, zur Bewertung der Einigung zu Wort kommen: „Es läßt sich also nicht leugnen, daß die Kölner Bürger damit den Vertrag von 1287 im Kern verletzt und die darin dem Erzbischof geschworene Treue gebrochen haben."

Wir konstatieren: Vertrags- und Treuebruch auf Seiten der Stadt Köln.

Die Verbündeten rückten umgehend gegen Worringen vor, um die dortige Burg zu belagern; auch Siegfried sammelte seine Bundesgenossen. In seinem Kriegsaufruf verspottete er den Gegner – ein Walfisch sei an Land gekommen, man brauche nur noch ein Netz über ihn zu werfen. In den Reihen der erzbischöflichen Koalition spielte nun Heinrich von Luxemburg die führende Rolle, er konnte den Waffengang kaum erwarten – und er führte das Zentrum des Ritterheeres, das am Morgen des 5. Juni 1288 südlich von Woringen Stellung bezog.

Auf der anderen Seiten der Front bestieg Herzog Johann sein gepanzertes Schlachtroß, die beiden Kontrahenten um das limburgische Erbe standen sich also quasi Auge in Auge gegenüber. Der linke Flügel der brabantischen Streitmacht, aufgestellt zwischen Rhein und Römerstraße, wurde hauptsächlich aus bergischen Bauern und einem kölnischen Aufgebot gebildet.

Es gibt einen Augenzeugenbericht über die Schlacht: Jan van Heelu, ein brabantischer Höfling, hat fast 8000 Verse mittelalterlicher Kriegsberichterstattung geschmiedet. Zum Leidwesen der Kölner (und der Kölner Historiker) kämpfte Heelu auf dem rechten Flügel, so daß er den ruhmreichen Beitrag der kölnischen Truppe nicht so recht zu würdigen wußte. Zudem faszinierten ihn mehr die vielen Einzelgefechte, in die sich die Schlacht im Laufe des Tages auflöste. Allein den Zweikampf zwischen dem Herzog und dem Luxemburger Grafen beschreibt van Heelu in fast 500 Versen. Da liest man von Schmähungen, von Hauen und Stechen im unübersichtlichen Getümmel, von aufrechten Knappen, von braven Streitrössern, denen die Gedärme aus dem aufgeschlitzten Leib herausquellen, von niedergerissenen Bannern und tönenden Posaunen. Der Graf von Luxemburg verlor schließlich nicht nur dieses Duell, sondern auch sein Leben, drei seiner Brüder kamen ebenfalls um.

Der Anteil der Kölner am Schlachtverlauf stellt sich ungefähr so dar: In einer ersten Attacke schlagen die erzstiftischen Ritter die bergischen und kölnischen Fußtruppen aus dem Felde

– die schlecht ausgebildeten und miserabel bewaffneten Milizionäre geben Fersengeld. Siegfried und seine Gefolgsleute überqueren die Römerstraße und wenden sich gegen den Herzog, damit behindern sie aber das luxemburgische Zentrum, das bereits im Kampf mit den Brabantern steht. Bis zum Mittag können sich Kölner und Bergische wieder sammeln – und zu einem Umgehungsmanöver antreten. Noch bevor man in den Rücken der feindlichen Scharen gelangt, stirbt Gerhard Overstolz, der Führer des städtischen Aufgebots – Jan van Heelu schreibt über seinen letzten Kampf: „Der Kampf war gut für sie verlaufen, denn nur *einen* verloren die von Köln, den man zu Recht beklagt – ohne Gefecht verloren sie Gerhard, des Mathias', Sohn, der von Herkunft der Stadt Köln sehr zugetan war. Er war aufrecht und mutig, er ließ sein Pferd stillstehen und wollte den Kölnern vorangehen und sie in den Kampf führen; er konnte nicht zu Fuß kämpfen, so kam er um, *ohne Schlag und Stoß*, bevor er ins Gefecht kam, fürwahr. Die Stadt Köln mag wohl zu Recht um ihn trauern ... Das ist die Wahrheit über die Dinge die in dem Kampf von Worringen sich zutrugen."

Wir fragen: nur ein Toter auf Seiten der Kölner – der darüber hinaus auch noch durch einen Herzinfarkt (zuviel Stress?) sein Leben verlor? Gerhard Overstolz ist auf jeden Fall der einzig namentlich bekannte Kölner „Gefallene" von Worringen (in der Koelhoff'schen Chronik, die 1499 erschien, ist dann von siebenhundert trauernden Witwen in der Stadt die Rede).

Wie auch immer: Auch ohne ihren Anführer setzen die Kölner die Umzingelung der erzstiftischen Streitkräfte fort – und dann setzt ein gnadenloses Abschlachten ein: Vor allem die bergischen Bauern, mit den noblen Regeln ritterlicher Kriegskunst nicht vertraut, schlagen anfangs alle tot, die einen Wappenrock tragen, Freund und Feind, ohne Unterschied. Erzbischof Siegfried, der im Geiste der Zeit tüchtig mitgefochten

29

hat, sieht schließlich ein, daß seine Lage aussichtslos ist – er ergibt sich dem Bruder des Herzogs. Adolf von Berg läßt ihn als Gefangenen nach Monheim schaffen. Am Abend wird der erzbischöfliche Fahnenwagen im Triumphzug nach Köln gebracht. Als Siegespreis fällt den Kölnern darüber hinaus die Worringer Burg zu: Das „Räubernest" wird gründlich zerstört, die Steine karrt man nach Köln, um sie in der Stadtbefestigung zu verbauen.

Das war also die größte Ritterschlacht, die je auf rheinischem Boden stattgefunden hat und die in Kölner Sagen und Legenden, aber auch im kollektiven Gedächtnis der Stadt geradezu verherrlicht wird. An jenem 5. Juni 1288, so wollte (und will) uns eine überwiegende Mehrheit kölscher „Heimathirsche" und kölnischer Historiographen weismachen, sei der neue Morgen der „KölnFreiheit" angebrochen – die braven Bürger erhoben sich gegen den erzbischöflichen Unterdrücker, zogen gen Worringen, um dem bösen Siegfried endgültig eins auf die Rübe zu geben. Zuletzt haben die „Bläck Fööss" diese Version im Jubeljahr 1988, als es galt „700 Jahre Stadtfreiheit" zu feiern, in ihrem „Worringen-Leed" zum Besten gegeben. In der sogenannten „Köln-Literatur" sucht man vergebens nach einem Hinweis auf die Rolle der Stadt als „lachende Dritte", die – skrupellos und vertragsbrüchig – einen Konflikt ausnutzte, der sie nichts anging.

Hier ist anzumerken, daß auch die unmittelbaren Folgen der Schlacht – in der Regel – nicht richtig wiedergegeben werden. Mit der Zerstörung der Worringer Burg hatten die Kölner ihr erklärtes Kriegsziel erreicht – die viel beschworene „Stadtfreiheit" war damit allerdings nicht errungen worden. Im Gegenteil: Zwei Jahre nach Worringen tagte in Bonn ein päpstlicher Untersuchungsausschuß unter der Leitung der Erzbischöfe von Mainz und Trier; in den Vernehmungen ging es hauptsächlich um die Frage, weshalb die Kölner sich mit Waffengewalt gegen ihren Herrn, den Erzbischof Siegfried, gestellt hatten. Einer der hochrangigen Zeugen faßt seine Eindrücke so zusammen: „Die Kölner Bürger sind mächtig geworden und können daher keinen Herrn über sich ertragen." Am 5. Juli 1290 verkündeten die Untersuchungsrichter ihr Urteil: Die Stadt soll bis zum August die astronomische Summe von 200 000 Mark als Bußgeld an den Erzbischof zahlen. Ein Vertreter Kölns weilte übrigens als stummer Zaungast in Bonn, hörte sich die Vorwürfe an und entschwand ohne Kommentar. Die Stadt wurde daraufhin mit dem Interdikt belegt, einer schweren Kirchenstrafe – auf städtischem Territorium durften keinerlei geistliche Handlungen, kein Gottesdienst, keine Trauung, keine Taufe, keine Beerdigung vorgenommen werden.

Diese Strafe hat erst Siegfrieds Nachfolger, Erzbischof Wikbold von Holte, aufgehoben, der sich zehn Jahre nach der Schlacht mit der Stadt verglich und ihre Privilegien bestätigte. Die Kölner ihrerseits leisteten ihm den Huldigungseid – darin gelobten die „vrie burgere van Colne dem ertzbischove van Colne, unsem herren" die Treue. Dieser Eid wurde bis ins 15. Jahrhundert von den Vertretern der Bürgerschaft geschworen, wenn ein neugewählter Erzbischof in der Stadt seinen Antrittsbesuch machte. Und ihren Anspruch auf die Stadtherrschaft haben die Erzbischöfe nicht aufgegeben – auch dann nicht, als Köln seit etwa 1390 als „freie" Stadt zu den Reichstagen eingeladen wurde. Dieser merkwürdige Zwitterzustand endete erst 1475, als Kaiser Friedrich III. die Rechte und Freiheiten der Stadt sowie ihre Stellung als „Reichsstadt" endgültig bestätigte. Aber auch nach 1475, bis zum Untergang von Reichsstadt und Kurköln, blieb das Verhältnis zwischen Stadt und Erzbischof problematisch – „ein Rechtsausgleich zwischen beiden kam nie zustande", konstatiert Stehkämper.

Der Verbundbrief

Der „Freiheitskampf" von Worringen hatte innerstädtische Folgen: Seither gaben die „Geschlechter", Mitglieder der 15 reichsten Familien, den Ton in der Stadt an. In diesen Familien pflegte man einen ritterlichen Lebensstil, zu Beginn des 14. Jahrhunderts entwickelte man sogar eine eigene Abstammungssage – auf römische Senatoren, die Kaiser Trajan in Köln angesiedelt hatte, führten die Geschlechter ihre Herkunft zurück. Als oberstes Selbstverwaltungsgremium diente ihnen, wie schon erwähnt, der Rat, der sich seit der zweiten Hälfte des 13. Jahrhunderts als allgemein anerkannte Behörde durchgesetzt hatte – gegen die „Richerzeche", die Genossenschaft der „Reichen", die die zwei Bürgermeister stellte, und gegen das vom Erzbischof bestellte Schöffenkolleg, die älteste Vertretung der Gesamtgemeinde.

In allen drei Gremien saßen allerdings dieselben Leute, nämlich Angehörige der Geschlechter. Die 15 jährlich wechselnden Mitglieder des Rates ergänzten sich in der Weise, daß ein jeder seinen Nachfolger vorschlug – praktischerweise aus dem Kreis seiner Familie. Im 14. Jahrhundert wurde dieser Institution, nun der „engere" Rat genannt, immerhin eine Kontrollinstanz zur Seite gestellt, der „weite" Rat mit 82 Mitgliedern, dem aber ebenfalls überwiegend „Patrizier" und Leute aus dem Umfeld der „Geschlechter" angehörten.

Seit dem 12. Jahrhundert hatten sich auch die Handwerker organisiert, in Berufsgruppen, die „Zünfte", später auch „Ämter" genannt wurden. Neben den Zünften traten dann seit etwa 1350 die „Gaffeln" auf, Tischgesellschaften von Kaufleuten, die den risikoreichen Fernhandel allmählich von den Geschlechtern übernahmen, sowie zugezogenen wohlhabenden Neubürgern („Neureiche" würde man heute sagen) – sie forderten ebenfalls ein Mitspracherecht am Stadtregiment. Ihren Namen „gaffel" erhielten diese Tischgesellschaften von der großen Tranchiergabel, mit der sich die Mitglieder während des gemeinsamen Essens bedienten. 1365 wird erstmals eine Gaffel erwähnt, die „gaffelen super foro ferro", die Gaffel Eisenmarkt. Bis 1396 bildeten sich weitere Gruppierungen, nach ihren Tagungshäusern „Windeck" und „Himmelreich" genannt. Anfangs standen berufliche Fragen im Vordergrund, nachdem man aber im Zusammenwirken mit dem „Wollenamt", der Weberzunft, die Abschaffung eines Zolls erreicht hatte, verstärkte sich der Wunsch der Gaffelgenossen, auch politisch Einfluß auszuüben.

Gerade die Verflechtung von Rat, Richerzeche und Schöffenkolleg bildete die Ursache großer Mißstände – Unregelmäßigkeiten einzelner Ratsherren nahm das „Wollenamt", die wirtschaftlich und zahlenmäßig bedeutendste Gruppe der Handwerker, im Jahre 1370 zum Anlaß, einen Aufruhr anzuzetteln – für kurze Zeit konnten die Weber sogar die Herrschaft in der Stadt übernehmen. Die Richerzeche wurde abgeschafft, die Schöffen aus dem Rat entfernt, der weite Rat durch Beteiligung der Zünfte gestärkt; an den engen Rat traute man sich nicht heran, er blieb in seiner bisherigen Form erhalten. Doch schon im November 1371 bereiteten die Patrizier der Weberherrschaft ein Ende – mit Unterstützung von Zünften, die mit dem Wollenamt verfeindet waren, wurden die Weber in einer blutigen Schlacht zwischen Waidmarkt und Griechenmarkt besiegt, die Rädelsführer noch auf offener Straße erschlagen. Die Patrizierherrschaft war damit wiederhergestellt, doch schon bald nach dem großen Sieg zerbrach die Einheitsfront der Geschlechter, alte Familienstreitigkeiten und Rivalitäten traten wieder offen zutage; in den 1390er Jahre bildeten sich die Gruppierungen der „Greifen" und der „Freunde", die sich bis aufs Blut bekämpften. Die Greifen unter der Führung des ehrgeizigen „Ritters" Hilger Quattermart von der Stesse (er wollte der „overste" Kölns werden, heißt es in einem zeitgenössischen Bericht) schienen zunächst die Oberhand zu gewinnen; doch zu Beginn des Jahres 1396 schlugen die „Freunde" unvermittelt los: 17 „Greifen" wurden verhaftet, Hilger gelang indessen die Flucht. Nun wollten die „Freunde" für klare Verhältnisse sorgen – die Verfassung sollte endgültig in ihrem Sinne umgestaltet werden. Forderungen weiter Bevölkerungskreise blieben unberücksichtigt, Abordnungen der Zünfte wurden barsch abgewiesen. Die Stadtgemeinde hatte sich aus den Auseinandersetzungen der Patrizier herausgehalten; als aber das Gerücht kursierte, der Rat wolle die Zünfte und Gaffeln auflösen, gingen Mißtrauen und Unbehagen in kalte Wut über. Der Schöffe Constantin von Lyskirchen, der Führer der „Freunde", bekam diese Wut am eigenen Leib zu spüren, als er am Abend des 18. Juni 1396 zu den Gaffelhäusern ritt und den Anwesenden in anmaßenden Ton befahl, endlich den Heimweg anzutreten – es sei Zeit, schlafen zu gehen. Vor allem unter den Mitgliedern der Gaffeln herrschte seit Tagen höchste Erbitterung, weil der Rat gewisse Versprechungen nicht einzuhalten gedachte. Lyskirchen, genannt der „Hochmütige", erlebte dann aber sein blaues Wunder – von den Gaffelgenossen erhielt er die höhnische Antwort, man würde schon schlafen gehen, wenn die Zeit dazu gekommen sei. Schließlich wurde Lyskirchen in der Nähe des Heumarktes von einer wütenden Menge umringt und vom Pferd gerissen – das war das Signal zum allgemeinen „Auflauf": Aus Zunft- und Gaffelhäusern strömten Bewaffnete zusammen, die Menge bemächtigte sich des Stadtbanners und zog zum Gebürhaus (Versammlungshaus) des Stadtteils Airsburg. Die dort versammelten Patrizier hatten indessen keine große Lust, den Gaffel- und Zunftgenossen Widerstand zu leisten; sie ergaben sich und wurden in Gefängnisse in den Stadttürmen eingeliefert.

„Dann setzten sie ihren Rat und ihre Gemeinde ein", heißt es kurz und bündig in der zeitgenössischen Chronik „Dat nuwe Boich", verfaßt vom damaligen Stadtsekretär Gerlach van

Hauwe; „sie" – das waren die Mitglieder eines provisorischen Rates, der bereits am 24. Juni 1396 zusammentrat. Bei der Neuordnung der Gemeinde hatten die Gaffeln nun ein gewichtiges Wort mitzureden, der Sturz der Geschlechterherrschaft war nämlich hauptsächlich ihr Werk, lediglich ein Teil der Goldschmiedezunft hatte sich von Anfang an beteiligt – von einer „Revolution der Handwerker", wie man es in Köln so gerne sieht, kann keine Rede sein.

Eine vom provisorischen Rat eingesetzte Kommission hat dann eine neue Stadtverfassung ausgearbeitet, die am 14. September 1396 verkündet und besiegelt wurde – das war der „Verbundbrief", der für 400 Jahre das Grundgesetz Kölns bleiben sollte. In der Einleitung haben die „Väter der neuen Verfassung" kundgetan, worum es ihnen ging: „Besonders Gott, unserm lieben Herrn, zu Lob und Ehre und um der Stadt Ehre und Freiheit zu erhalten und das gemeine Beste getreulich zu beachten und um allen Zwist, Entzweiung, Zorn, Haß und Neid zu allen Zeiten zu verhüten und um eine gemeinsame, freundschaftliche Eintracht herzustellen und zu bewahren und um untereinander in Frieden und Ruhe in Köln zu leben, zu wohnen und zu regieren auf ewige Zeiten, so haben wir uns sämtlich und einträchtig untereinander leiblich und gütlich verbunden mit diesem Brief durch Eide und Gelöbnisse, die wir geleistet haben, um alle Punkte und Vorschriften dieses Briefes zu befolgen und zu halten." Klingt alles ein bißchen umständlich, es wird aber dennoch deutlich, weshalb dieses Dokument „Verbundbrief" heißt.

Wichtigste Bestimmung des „Verbundbriefes" waren die Einsetzung eines ungeteilten Rates und die Einteilung der Bürgerschaft in 22 politisch-gewerbliche Korporationen – im Text wurde noch unterschieden zwischen „Ämtern" und „Gaffelgesellschaften" (später sollten alle 22 Verbände nur noch Gaffeln genannt werden), die das Dokument besiegelten. Neben den reinen Kaufleute-Gaffeln und einigen größeren Berufsgruppen wie Brauern und Bäckern setzten sich die meisten Korporationen aus mehreren, nicht unbedingt branchennahen Zünften zusammen; so die Schilderer, die nun mit den Wappenstickern, Sattelmachern und Glaswörtern ein „ampt" bildeten. Jeder Kölner Vollbürger war verpflichtet, sich einem Amt oder einer Gaffel anzuschließen.

Der Rat, dessen 49 Mitglieder jeweils für ein Jahr amtierten, wurde nach einem komplizierten Schlüssel zusammengesetzt: Das Wollenamt stellte vier Mitglieder, elf Ämter und Gaffeln je zwei, die restlichen Korporationen je einen; diese 36 Gewählten beriefen aus der gesamten Bürgerschaft 13 weitere Ratsmitglieder, die sogenannten „Gebrechsherren" (diejenigen, an denen es an der festgelegten Zahl von 49 „gebrach") – damit konnten auch erfahrene Politiker in den Rat aufgenommen werden, eine Bestimmung, die die Gaffeln durchsetzten. Die zwei Bürgermeister wurden vom Rat für eine einjährige Amtszeit gewählt; als Kontrollorgan schuf die Kommission, die den Verbundbrief formulierte, die „Vierundvierziger", ein Gremium, das aus je zwei Vertretern der Gaffeln und Ämter gebildet wurde und bei wichtigen Entscheidungen wie Kriegführung oder Kreditaufnahme herangezogen werden mußte.

An dieser Stelle denken wir: Das hört sich irgendwie doch nach „Demokratie" an – wir dürfen zugleich aber fragen: Das ganze soll über 400 Jahre lang funktioniert haben, bis zum September 1797, als die französischen Besatzer die Kölner Magistratsverfassung endgültig abschafften?

In einer Denkschrift an den Nationalkonvent in Paris schrieb damals – Köln war seit 1794 von Truppen der französischen Republik besetzt (siehe Kapitel: Es lebe der Kaiser!) – der Universitätsprofessor Ferdinand Franz Wallraf, seit 2000 Jahren hätten die Ubier respektive Kölner jene Freiheit genossen, die sich Frankreich gerade erkämpft habe – es sei daher gar nicht nötig, die „republikanische und demokratische" Staatsform Kölns zu ändern.

Der Bürgermeister Nikolaus Dumont, der im März 1795 vor dem Nationalkonvent die Interessen Kölns vertreten durfte, verlegte die Grundzüge der Kölner Stadtverfassung ebenfalls in die Antike: „Nach dem Zeugnis von Cäsar und Tacitus hatte die Stadt Köln schon vor 2000 Jahren ihren Senat und ihre demokratische Verfassung, die auf dem elementarsten Recht des menschlichen Geschlechts basiert, Freiheit und Gleichheit."

Gerade letzteren Elementes, der Gleichheit, entbehrte indessen der Verbundbrief – nur eine kleine Gruppe innerhalb der Kölner Bevölkerung hatte wirklichen Zugang zur politischen Macht, von den etwa 40 000 Einwohnern waren vielleicht 6000 (männliche) als Vollbürger in den Gaffeln registriert. Und auch in den Gaffeln und Zünften konnte von „Gleichheit und Demokratie" keine Rede sein, indirekt trug der Verbundbrief sogar dazu bei, daß die entmachteten Patrizier wieder ans Ruder kamen – und zwar über ihre Mitgliedschaft in den Gaffeln, die für jeden Vollbürger vorgeschrieben war. Die Gaffeln schickten in der Regel nur ihre prominenten und wohlhabenden Mitglieder in den Rat, das waren die Patrizier und einige reiche Amtsmeister. So bildete sich allmählich aus altem Patriziat und neureicher Zunftoberschicht eine neue Führungsschicht heraus.

Als es im Herbst 1396 darum gegangen war, die unterlegenen Geschlechter zu bestrafen, hatte man Milde walten lassen; das neue Stadtregiment hatte alle am „Auflauf" beteiligten Patrizier mit saftigen Geldbußen belegt, die größten Scharfmacher für einige Zeit aus der Stadt verbannt. Nur im Falle des „Greifen"-Führers Hilger Quattermart war man hart geblieben: Als der 1398 in die Stadt zurückkehrte, wurde er festgenommen und zum Tode verurteilt. Am 26. Januar 1398 wurde er, wie die Koelhoffsche Chronik berichtet, „auf einem Kohlewagen aus der Stadt gefahren und enthauptet und im Kloster Weiher begraben".

Wie sich die Kölner „Demokratie" im 18. Jahrhundert darstellte, hat der kaiserliche Resident, Hermann Werner Bossart, kurz nach 1750 beobachtet: „Die mit dem Prädikat ›von‹ sich selbst beadelnden *Patricii*, die als regierende Bürgermeister und Mitglieder des Rats die Geschäfte führen, pflegen alles nur nach ihrer eingebildeten Hoheit und nach dem Interesse ihrer Familien abzumessen und einzurichten." Der „hochweise und hochedle Rat", wie er sich bezeichne, sei alles andere als weise und noch weniger edel. Die öffentlichen Ämter und Ratsstellen, so Bossart, wurden größtenteils von Kaufleuten verwaltet, bei der Besetzung gaben nicht Verdienst und Rechtschaffenheit den Ausschlag, sondern lediglich Geld und *Konnexionen*; fast jeder, dem es gelänge, ein solches Amt zu erwerben, suche sich auf Kosten der Stadt schadlos zu halten und sich zu bereichern – ein offensichtlich zeitloses Phänomen, möchte man meinen.

Bossart sprach damit im übrigen eine Eigenart der Kölner Stadtverfassung an: Mit dem sogenannten „Drei-Räte-System" haben sich die Ratsherren schon seit dem 16. Jahrhundert von der Bürgerschaft distanziert und zur *Obrigkeit* aufgeschwungen: Der „sitzende", der amtierende Rat schied zwar, wie im Verbundbrief vorgesehen, nach einem Jahr aus dem Amt, seine Mitglieder konnten aber nach zwei Jahren wiedergewählt werden, so daß schließlich drei Gruppen von Ratsherren im dreijährigen Turnus die Regierung übernahmen. Dasselbe galt für die Repräsentanten der Stadt, die zwei Bürgermeister; nur fünf Familien stellten im 18. Jahrhundert mehr als die Hälfte aller Bürgermeister. Es sind die immer gleichen Namen, die – etwa im Zeitraum von 1720 bis 1750 – im Dreijahresrhythmus auftauchen: Nikolaus de Groote,

Peter Nikolaus von Krufft, Johann Peter von Herweg, Johann Arnold Josef von Mylius, Franz Josef von Herrestorf, um nur einige zu nennen. Johann Balthasar von Mülheim (1701–1775) wird achtmal zum Bürgermeister gewählt – er ist aber insofern eine Ausnahme, als er sich um die Stadt verdient macht; ihm verdankt Köln die Anlage des Neumarktes.

Kein Wunder, so folgerte Bossart messerscharf, daß Handel und Gewerbe gänzlich verfallen seien. Da ein großer Teil der Einwohner kaum das tägliche Brot habe, komme es immer wieder zu Spannungen und Aufläufen in der Bürgerschaft; in einem Reichshofrats-Gutachten von 1742 heißt es denn auch deutlich, die *Populace* in Köln sei „sehr zu Tumulten geneigt".

Den ersten größeren „Tumult" hatte es 1482 gegeben: Schon damals machte sich angesichts von Cliquenwirtschaft und Inkompetenz der Ratsherren Mißmut in der Bevölkerung breit; Unzufriedenheit lösten Ratsbeschlüsse aus, bestimmte Zünfte vom passiven Wahlrecht auszuschließen – entgegen den Bestimmungen des Verbundbriefes hatten die Ratsherren 1428 die Barbiere, 1471 die Leineweber und 1479 die Schiffer und Wirte als ratsunfähig erklärt. Wiederholt wurde in die verfassungsmäßigen Rechte der Zünfte eingegriffen. Als nach dem Neusser Krieg – 1475 hatte Köln für Kaiser und Reich gegen den Burgunderherzog Karl den Kühnen gefochten – die Schulden der Stadt durch immer neue Steuern beglichen wurden, kam es im Herbst 1481 zu ersten Unruhen; die Zünfte unterstrichen ihre Forderung nach einer soliden Finanzpolitik mit 81 Beschwerdepunkten, die auf eine Einhaltung der im Verbundbrief gesetzten Bestimmungen abzielten. Am 18. Februar 1482, dem Rosenmontag, besetzten unzufriedene, teils vermummte Zunftgenossen unter der Führung des Gürtelmachers Johann Hemmersbach das Rathaus und nahmen die Bürgermeister sowie einige Ratsherren fest. „Diebe und Bluthunde!" brüllte ein tausendköpfiger, trunkener Pöbel, als die

Gefangenen auf die Türme gebracht wurden. Ein ebenso revolutionärer wie jecker Satz machte die Runde: „Heute bist du der Herr, morgen will ich es sein!" Für zwei Tage durfte sich Hemmersbach als Herr der Stadt fühlen, mit einem Stäbchen in der Hand durchschritt er im Hochgefühl seiner Macht das Rathaus. Damals war echt noch was los im Kölner Karneval…

„Am Aschermittwoch ist alles vorbei" – das galt auch für diesen Aufstand; er scheiterte letztlich an der Uneinigkeit und Rivalitäten unter den Zünften, deren Mehrheit sich dem Rat gegenüber loyal verhielt, Hemmersbach und andere Rädelsführer wurden noch am Aschermittwoch auf dem Heumarkt enthauptet.

Etwa 30 Jahre später, im Januar 1513, konnten sich einige ältere Bürger möglicherweise noch an diese überaus zügige Blutjustiz erinnern, auch diesmal rollten nämlich Köpfe, sie gehörten allerdings allesamt Vertretern der „Obrigkeit". Zehn Exekutionen wurden damals auf dem Heumarkt durchgeführt, von den Kölnern wie Volksfeste gefeiert; unter den Hingerichteten befanden sich die zwei Bürgermeister, Johann von Ol-

Volksvertreter als Obrigkeit: der „hochweise und edle Rat"

dendorp und Johann von Reidt, für den seine sieben Kinder vergeblich um Gnade gefleht hatten. Die Todesurteile hatte das erzbischöfliche Hochgericht unter dem Druck der Straße gefällt – vorausgegangen war dem blutigen Treiben wieder ein Aufstand der Gaffel- und Zunftgenossen. Wegen zahlreicher Übergriffe und Ungesetzlichkeiten, so der Vorwurf gegen Bürgermeister und Ratsherren, war der Magistrat kurzerhand aufgelöst worden; an seine Stelle trat für kurze Zeit die sogenannte „Große Schickung", 178 Vertreter der Gaffeln, die sich in den ersten Januartagen an die Spitze des unzufriedenen Volkes gesetzt hatten. Die „Schickung" verhinderte schlimmere Ausschreitungen des Pöbels, der den Ratsherren bereits Fensterscheiben und Türen eingeworfen und -getreten hatte.

Nach den Hinrichtungen setzte sich dann die Erkenntnis durch, daß die Stellung der Gaffeln gegenüber dem Rat gestärkt werden müßte. Wichtigstes Ergebnis der Unruhen von 1513 war die Ergänzung des Verbundbriefes durch den „Transfixbrief", den „angehefteten Brief"; darin wurde unter anderem festgelegt, daß keine heimlichen Ratssitzungen mehr abgehalten werden dürften, zudem garantierte man dem einzelnen Bürger eine Art von Widerstandsrecht bei Verletzung seiner Rechte.

Die Auseinandersetzungen zwischen Volk und Volksvertretern gingen – dennoch, muß man sagen – auch danach weiter, wiederholt kam es zu Tumulten und Gewalttätigkeiten, wenn Korruption und Schlendrian in der Verwaltung angeprangert wurden – so, und nicht ganz zufällig, im Juni 1525, dem Jahr des Bauernkrieges, als erstmals die schöne Parole „Teilen mit den Reichen!" ausgegeben wurde; in den 1680er Jahren, als Nikolaus Gülich versuchte, die Herrschaft der „Kränzchen" und Cliquen aus den Angeln zu heben; und zuletzt in den 1780er Jahren, als eine „bürgerliche Deputatschaft" – letztlich erfolglos – gegen Vetternwirtschaft und Mißstände in der Finanzverwaltung vorging.

Da war das Ende der altehrwürdigen Kölner Verfassung schon nahe – ausgerechnet die französische Republik, deren Truppen Köln im Oktober 1794 besetzt hatten, machte diesem einzigartigen Modell spätmittelalterlicher „Demokratie" den Garaus. Am 5. September 1797 wurde der reichsstädtische Magistrat kurzerhand abgesetzt – Begründung: Unfähigkeit. Ein Schelm, wer da an die Gegenwart denkt...

Köln am Rhein?

Geographie und Vergeßlichkeit

Ubier und Römer gündeten Köln nicht, wie allenthalben behauptet wird, am Rhein – sondern am Duffesbach. Das reine Quellwasser des im Vorgebirge entspringenden Baches gab den Ausschlag, das *oppidum Ubiorum* an jener Stelle anzulegen, an der sich die alte Kölner Innenstadt (nicht zu verwechseln mit der sogenannten *Altstadt*) noch heute befindet. Die südliche Grenze bzw. die Stadtmauer des *oppidum* sowie der *Colonia Claudia Ara Agrippinensium*, der Römerstadt, verliefen parallel zum Duffesbach. Nach dem Bau der großartigen Eifelwasserleitung wurde das Bachwasser teilweise sogar in den Aquädukt eingespeist.

Für die mittelalterliche Wirtschaftsmetropole und Reichsstadt Köln war der Duffesbach ebenfalls sehr wichtig, lieferte er doch den Handwerkern im Südwesten der Stadt das „Fließwasser" – Löher, Weißgerber, Walker und Färber gehörten zu den Branchen, denen das Kölner Textil- und Ledergewerbe seinen internationalen Ruf verdankte. Namen wie Rothgerberbach und Blaubach erinnern noch heute an einzelne Tätigkeiten im Bereich der „Bäche", kaum jemand weiß indessen, daß es sich dabei nur um *einen* Bach, nämlich den Duffesbach oder, wie er auch genannt wurde, den Hürther Bach handelt. Von alters her war der Kölner Rat bestrebt, den ungehemmten Zufluß des Bachwassers sicherzustellen – seit dem 14. Jahrhundert gab es eine eigene städtische Behörde, die „Bachmeister", die dafür Sorge zu tragen hatten, daß das Wasser nicht außerhalb Kölns abgeleitet wurde. Bis zu seiner Mündung in den Rhein (im Bereich des Filzengrabens, südlich der heutigen Deutzer Brücke) durchfloß der Bach nämlich mehrere Grundherrschaften mit „herrlichen" Namen, die Herrlichkeit Hürth, die Herrlichkeit Mülheim (die nach ihren Besitzern, den „Deutschherren", auch Herrenmülheim, Hermülheim, genannt wurde), Efferen sowie die dem Abt von St. Pantaleon gehörende Herrlichkeit Sülz. Gegenüber diesen Anrainern, mit denen es ständige Reibereien über die Wassernutzung gab, behauptete der Rat beharrlich, der Bach sei kein öffentliches, sondern ein durch künstliche Mittel im Fluß gehaltenes Gewässer, dessen Quellen Eigentum der Stadt seien. Im Jahre 1321 mußte gar der Heilige Stuhl in Auseinandersetzungen mit den Deutschherren, dem Deutschen Ritterorden, eingreifen – von Papst Johannes XXII. bestellte Schiedsrichter gestatteten den Anwohnern in Hermülheim, Bachwasser von Samstag bis Sonntag mittag auf ihre Besitzungen zu leiten. Mit dem Herrn von Hürth, der den Bach oft und gern anzapfte, einigte man sich mehrfach – so etwa im Jahre 1558: zu „Haushaltungs-Bedürfnissen" (was auch immer das heißen mochte) dürfe er das Wasser nutzen.

Im heißen Sommer des Jahres 1560 kam es jedoch zum großen „Wasserkrieg" – in Hürth wollte man von den Vereinbarungen nichts mehr wissen: Auch an Wochentagen wurde Wasser abgeleitet – die Kölner Handwerker saßen buchstäblich auf „dem Trockenen". Drahtzieher war der Hürther Schultheiß Damian Bell von Efferen, der besaß nicht nur die Frechheit, die Bauern zum „Wasserklau" anzustacheln – unter dem Läuten der Sturmglocke trat er zudem, kriegsmäßig ausgestattet, als ginge es gegen den Antichrist höchstpersönlich, einer Kölner Abordnung entgegen, die die Ableitungen stoppen wollte.

Bells Leibwache bestand aus einer furchterregenden Truppe von Vorgebirglern, alle bis an die Zähne bewaffnet, mit Hellebarden und Feuerbüchsen, aber auch mit Mistgabeln und Schweinespießen.

Die Kölner Bachmeister (darunter der Ratsherr Jan van Brackerfelde, in dessen Tagebuch der „Wasserkrieg" überliefert ist) und ihre Diener wurden umzingelt und unter Triumphgeheul nach Hürth gebracht, wo man sie – *horribile dictu et visu* – kurzerhand in einen Schweinestall sperrte. Erst gegen das Gelöbnis, sich jederzeit wieder als Gefangene zu stellen, entließ sie der Schultheiß nach Köln.

In der Stadt war man indessen keineswegs gesonnen, „diesen Friedensbruch und diese Gewalttat" (so die Ratsprotokolle) ungesühnt hinzunehmen. Im Rathaus beschlossen die Stadtväter, die ansonsten jedem militärischen Konflikt gern auswichen, „Gewalt mit Gewalt zu wehren, und das von Stund an." Die Streitmacht, die die freie Reichsstadt daraufhin ins Vorgebirge schickte, gehörte zu den größten, die Köln jemals aufgeboten hat: Mehr als tausend Bewaffnete zogen am Morgen des 4. August 1560 unter Führung des Rentmeisters Johann Pfeil (welche Programmatik!) gen Hürth, begleitet von zahlreichen Schaulustigen, die Hacken und Schippen mitführten, um den frechen Bauern endlich zu zeigen, was eine Harke ist. Zur „Mutter aller Schlachten" kam es aber nicht – der städtischen Eingreiftruppe gelang es, den feindlichen Oberkommandierenden, Wilhelm von Harff, den Herrn von Hürth, und seinen Adlatus Damian Bell im Handstreich dingfest zu machen. „Mit trotzigen Drohworten" soll sich Harff in sein Los gefügt haben – seine Kerkerstätte, das Weyertor, durfte er immerhin schon am Abend wieder verlassen.

Aus dem Schildbürgerstreich auf regionaler Ebene wurde indessen bald ein Politikum ersten Ranges – nach Harffs Entlassung sollte der Konflikt auf juristischer Ebene gelöst werden. Doch da lag das Problem: Welches Gericht sollte den Fall entscheiden?

Die Reichsstadt Köln wandte sich selbstverständlich an das Reichskammergericht – Harff dagegen erhob Klage beim bra-

45

bantischen Hof in Brüssel, weil er als valkenburgischer Lehensmann der Landesherrschaft der Herzöge von Brabant unterstellt sei. Brabant war aber Teil des burgundischen Erbes der Habsburger und nach der Abdankung Kaiser Karls V. im Jahre 1556 an deren spanische Linie gefallen. Wilhelm von Harff ließ denn auch dem Kölner Rat mitteilen, allein im „König von Hyspanien" sehe er seine Obrigkeit. Die Regierung der spanischen Niederlande hätte ihm aber im Namen dieses Königs verboten, an ein Reichsgericht zu gehen, da dies gegen alte Privilegien Brabants verstoße.

Auf der anderen Seite verfügte Kaiser Ferdinand I., daß Köln sich „one unser vorwissen mitnichten in aine frembde jurisdiction einlassen oder begeben" dürfe. Folgerichtig forderte er seine Nichte Margarete von Parma, die Statthalterin der Niederlande, auf, die freie Reichsstadt nicht mit Prozessen zu behelligen. Die Statthalterin, eine Schwester des berüchtigten Königs Philipp II. (der – laut Schiller – keine Gedankenfreiheit geben wollte), verfolgte indessen das langfristige Ziel, die niederländischen Territorien aus dem Jurisdiktionsbereich des Heiligen Römischen Reichs Deutscher Nation zu lösen und von Grund auf zu „hispanisieren" – was letztlich dann zum Abfall der Niederlande und zu einem langwierigen, blutigen Krieg führte.

Der Streit zwischen Köln und Hürth sollte fast genauso lange dauern, über ein halbes Jahrhundert jagten sich Denkschriften, Beschwerden, Appellationen und Klagen; es kam zu weiteren Gewalttaten und Demütigungen beiderseits. Der Kurfürst von Köln, der Erzfeind der freien Reichsstadt, ließ sich in den Streit hineinziehen, illustre Figuren wie der Herzog von Alba, der Schlächter der niederländischen Protestanten, und der Prinz von Oranien schalteten sich ein. Niederländische Städte nutzten die – aus Sicht des Reiches: ungesetzlichen – Prozesse, die in Brüssel gegen Köln geführt wurden, um Kölner Guthaben zu beschlagnahmen und Rentenzahlungen an

Kölner Bürger einzustellen. Angesichts einer derartigen Ausweitung des Konfliktes hatte man am Kaiserhof schließlich die Nase voll von der dubiosen Rechtslage und auch vom Bach, der so hohe Wellen schlug – Kaiser Rudolf II. tadelte 1594 die Kölner ob ihrer Unnachgiebigkeit und forderte den von Köln angerufenen Reichstag auf, jegliche Entscheidung zu unterlassen, über die „unser lieber Vetter, Schwager und Bruder, der König zu Hyspanien, mit Fug und Recht sich zu beschwähren hatte".

Und so fand denn der „Wasserkrieg" ohne Zutun des Reiches ein Ende – 1617 einigten sich die freie Reichsstadt und Wilhelms Sohn Anton von Harff, der regierende Herr von Hürth, dahingehend, daß der Gerichtsstand bei künftigen Streitigkeiten im Gebiet des Erzstiftes Köln liegen sollte. Den hürthischen Untertanen war es fürderhin wieder gestattet, am Wochenende Bachwasser auf ihre Äcker und Wiesen zu leiten. Seither herrschten Frieden und Eintracht zwischen den Kölnern und den Bauern des Vorgebirges – bis zu dem Tag, als die ersten Automobile mit dem Kennzeichen BM in Köln auftauchten...

Von jenem Gewässer, das die hohe europäische Politik von Zeit zu Zeit immer wieder beschäftigte, künden indessen weder Gedichte noch heimisches Liedgut. Stattdessen wird, seit der Romantik, der „Vater Rhein" lyrisch verklärt, in keinem der unzähligen Lieder, die – wie schon angesprochen – Köln allesamt als „Herz von der Welt" preisen, fehlt der Hinweis, wo die Stadt, geographisch gesehen, liege, es heißt immer wieder: am Rhein, wo sonst?

An den Duffesbach, der Köln einst lieb und teuer war, erinnert heute nur noch ein kurzes Straßenstück zwischen Eifelplatz und Ring, ansonsten ist er zubetoniert – kurz hinter Efferen taucht er in die städtische Kanalisation ab. Und so verschwand er aus dem Stadtbild und aus der Erinnerung – aus dem Auge, aus dem Sinn. Um den ehrwürdigen Bach zu betrachten, müßte man das Stadtgebiet verlassen und Hürther Territorium betreten – seien wir ehrlich: Welcher Kölner nimmt derartige Mühsale schon auf sich?

Kurz vor der Stadtgrenze taucht er ab: der Duffesbach

Kölner Toleranz

Über den Umgang mit den „Anderen"

„In Köln ist alles anders." Dieser Satz – ein wichtiger Bestandteil kölschen Selbstverständnisses – ist im Herbst 1992 so oft deklamiert worden wie nie.

Was war geschehen? Nach den schrecklichen Ereignissen in Solingen (wo fünf türkische Mitbürgerinnen durch einen Brandanschlag ums Leben gebracht wurden) kam es auch in Köln zu spontanen Aktionen gegen Ausländerhaß und Rechtsradikalismus; die zweifelsohne spektakulärste war ein Konzert auf dem Chlodwigplatz, wo die Blüte rheinischer Sangeskunst unter dem schönen Motto „Arsch huh – Zäng ussenander" (frei übersetzt: „das Gesäß hoch, das Gebiß auseinander") ihr Engagement gegen Fremdenfeindlichkeit vollmundig – sozusagen wort- und liedreich – unter Beweis stellte. Über 100 000 Menschen waren da zusammengekommen, um mit Bap, den Bläck Fööss, den Höhnern und all denen, die immer wieder miteinander auftreten, einer staunenden Welt klarzumachen: „In Köln ist alles anders."

Und im Umfeld des Kölner Rathauses wurde in jenen Tagen geradezu enthusiastisch das Miteinander von Einheimischen und Ausländern beschworen – die lebten hierzulande „seit zweitausend Jahren" problemlos zusammen, Köln sei mit großer Bestimmtheit eine ausländerfreundliche Stadt, vielleicht sogar die „ausländerfreundlichste" der Republik, ach was, der EU, der …

Für die Gegenwart mag diese Einschätzung ja zutreffen – was in dieser Hinsicht aus der stolzen zweitausendjährigen Geschichte Kölns überliefert ist, muß allerdings Zweifel hervorrufen. Aus frühen Tagen der Stadt wird eine schöne Geschichte kolportiert, die die *sprichwörtliche* Kölner Toleranz veranschaulichen soll: Im Jahre 520 – seit mehr als 200 Jahren gab es eine christliche Gemeinde samt Bischof in der Stadt – stellte ein zu Besuch weilender Gottesmann, der Bischof Gallus von Clermont, voller Empörung fest, daß es in Köln noch einen heidnischen Tempel gab, „wo das Barbarenvolk aus der Umgebung seine Opfer bringt." Gallus legte, so der fränkische Geschichtsschreiber Gregor von Tours, höchstpersönlich Feuer an diese Opferstätte; die damaligen Kölner, vielleicht ein paar übriggebliebene Romanen und ripuarische Franken, störten sich wohl nicht sonderlich am „Heidenspektakel" – das ist es, was uns diese Episode wohl sagen will...

Genau tausend Jahre später ist man im Umgang mit Andersgläubigen weniger lax: 1519 verurteilten Kölner Theologieprofessoren – als erste in Deutschland – Luthers Lehre; die päpstlichen Bannandrohungen gegen den Reformator bezogen sich später ausdrücklich auf das Kölner Votum. Schon ein Jahr später gab es die erste Bücherverbrennung in Köln – auf dem Domhof übergaben Dozenten der Universität die Schriften des Wittenberger „Ketzers" dem Feuer; und 1529 wurden dann, nach einem fragwürdigem Prozeß, sogar zwei protestantische Prediger, Adolf Clarenbach und Peter Fliesteden, auf der Richtstätte Melaten als Ketzer verbrannt. 1534 machte der Rat mit einer kleinen Wiedertäufergemeinde kurzen Prozeß – ihre Anführer wurden hingerichtet; mit der Sekte der „Wiedertäufer" hatte man in Köln noch jahrzehntelang Probleme, hin und wieder mußten Köpfe rollen...

Protestanten aus Brabant und Flandern, die nach Ausbruch des niederländischen Unabhängigkeitskrieges der Schreckensherrschaft des berüchtigten Statthalters Alba zu entkommen und in Köln Zuflucht suchten, wurden im Jahre 1566 indessen zunächst gastfreundlich aufgenommen – es handelte sich um etwa 150 *wohlhabende* Kaufmannsfamilien aus Brügge, Gent und Antwerpen, traditionellen Geschäftspartnern der Stadt. In ihrem Gefolge bildeten sich alsbald drei calvinistisch-reformierte Gemeinden, nach Sprache und Herkunft ihrer Mitglieder als niederländische, „französische" (wallonische) und deutsche bezeichnet, von den Kölnern mißtrauisch beäugt; als sich schließlich sogar Papst Pius V. darüber beschwerte, daß in Köln „die Reformierten frei auf der Straße herumlaufen", beschloß der Rat, Härte zu zeigen: Im Juli 1570 wurde die Ausweisung der „reformierten Ausländer" verkündet, bis zum 15. August sollten sie die Stadt verlassen. Die Durchführung des Beschlusses ließ aber dann – ein zeitübergreifendes Kölner Dilemma – zu wünschen übrig; 1571 überreichten Angehörige der Universität dem Rat beflissen eine Liste mit Häusern, in denen noch immer „fremde Kalviner hausen". Und 1577 erhielten die reformierten Gemeinden durch eine Schenkung einen eigenen Friedhof, nicht weit vom Weyertor – der Rat hatte nämlich bereits 1560 Begräbnisse von Protestanten innerhalb der Stadtmauern verboten. Es handelte sich dabei um den sogenannten „Geusenfriedhof", nach der größten Gruppe der Glaubensflüchtlinge benannt, den „Geusen" (an der Kerpener Straße/Ecke Weyerthal, man kann den Friedhof noch heute besichtigen).

1582 wurde erneut die Ausweisung aller „unkatholischen Fremden und Ketzer" beschlossen; doch erst 1583, nach Beginn des „Kölner Krieges" (der bayerische Herzogssohn Ernst war an Stelle des zum Protestantismus übergetretenen und abgesetzten Kurfürsten/Erzbischofs Gebhard Truchsess zum Kölner Erzbischof gewählt worden, mußte sich die Inbesitznahme Kurkölns indessen mit Waffengewalt erkämpfen), machten die Ratsherren ihrerseits Ernst – die Umschrift des städtischen Siegels wies Köln schließlich seit dem Mittelalter als „treue Tochter der römischen Kirche aus": Mit der Einführung des Gregorianischen Kalenders wurde der Katholizismus quasi zur Kölner „Staatsreligion" dekretiert – es war ein Beschluß von hohem Symbolcharakter, als die nach Papst Gregor XIII. benannte Kalenderreform im November 1583 durchgeführt wurde; nach dem bisher gültigen Julianischen Kalender hatte sich nämlich mittlerweile eine Abweichung von zehn Tagen gegenüber dem astronomischen Sonnenjahr ergeben, den Rückstand glich man in Köln aus, indem der Kalender vom 4. auf den 14. November umgeschlagen wurde. (In den meisten protestantischen Ländern hat man diese „papistische" Kalenderreform dagegen erst im Jahre 1700 nachgeholt.)

Von nun an wurden auch Kölner Bürger, die der „unkatholischen Ketzerei" anhingen, gnadenlos verfolgt. Und so war es kein Wunder, daß im Jahre 1601 gleich 300 Protestanten die Stadt verließen, nachdem der Rat „Schutz und Schirm" aufgekündigt hatte – ein Köln-Besucher zeigte sich schon um das Jahr 1600 erstaunt über den „Haß der Parteien beiderseits".

Mit seinen etwa 37 000 Einwohnern war Köln zu jener Zeit noch immer die bedeutendste Stadt im Nordwesten des Reiches, galt nun aber als *das* Bollwerk des Katholizismus am Niederrhein. Und um diese Stellung zu behaupten, schreckte man auch vor dem Einsatz von Gewalt nicht zurück – wie im Falle des rechtsrheinischen Fleckens Mülheim, der zum Herzogtum Berg gehörte und 1612 zur Festung und zum bevorzugten Handelsplatz samt Hafen ausgebaut werden sollte. Den Plan zum Ausbau hatten Pfalzgraf Wolfgang Wilhelm von Neuburg und Kurfürst Sigismund von Brandenburg verkünden lassen, die nach dem Aussterben des jülich-bergisch-klevischen Herzoghauses dessen Besitzungen am Niederrhein beanspruchten und zunächst gemeinsam verwalteten. Die neue Stadt sollte die Größe Frankfurts erreichen – eine schwerwiegende, wenn nicht tödliche Bedrohung für den Kölner Handel, ja für die Reichsstadt überhaupt. Zudem stellte der bergische Ort, in dem Religionsfreiheit herrschte, schon lange ein religionspolitisches Ärgernis in den Augen mancher Ratsherren dar, Kölner Protestanten hielten ihre Gottesdienste gern auf Schiffen vor Mülheim oder in Mülheim selbst ab. Der Rat setzte also alles daran, das Projekt der beiden *possedierenden (besitzenden)* Fürsten (so nannte man das brandenburgischpfälzische Kondominium) zu vereiteln.

Er konnte sich indessen darauf berufen, daß seit 1286 die Anlage von Festungen an der Köln gegenüberliegenden Seite zwischen Rheindorf und Zündorf „für ewige Zeiten" untersagt war (in einem Vertrag zwischen Köln und der damaligen Grafschaft Berg). Gestützt auf diese Rechtslage, waren schon mehrfach bergische Versuche zur Befestigung Mülheims unterbunden worden, so bereits 1417 und zuletzt 1589. Auf Antrag der Stadt ordnete daher auch Kaiser Mathias im Juli 1612

1614: Spanische Truppen zerstören Mülheim

die Einstellung der Arbeiten in Mülheim an; was die ganze Angelegenheit so kompliziert machte, war indessen die Tatsache, daß auch Kölner Bürger in die neue Stadt investiert hatten, den Bau von Häusern und Kirchen finanzierten. So war die Klage der Stadt nicht nur gegen die *possedierenden* Fürsten, sondern auch gegen eigene Bürger gerichtet, die in Mülheim angeblich über 150 neue Häuser errichtet hatten.

Erst als der Pfalzgraf und der Brandenburger sich entzweiten, Wolfgang Wilhelm gar zum Katholizismus übertrat, nutzte der Kölner Rat die Gunst der Stunde und drängte auf die Ausführung der mehrfach erneuerten kaiserlichen Verordnungen: Mit Hilfe von Truppen aus den spanischen Niederlanden wurden die Mülheimer Bollwerke im September 1614 gänzlich niedergerissen. Damit nicht genug: Im folgenden Jahr gab der Kaiser weiteren Kölner Forderungen nach und beauftragte den Statthalter der spanischen Niederlande, Erzherzog Albrecht, die *Demolition* der Gebäude außerhalb des alten Mülheim zu *exekutieren*. 3040 Gulden ließ sich die Stadt das Zerstörungswerk kosten; so erhielt der spanische Hauptmann Pipe, der Befehlshaber der Schutztruppe, allein 200 brabantische Gulden.

Von protestantischen Kreisen des Reiches wurde die Zerstörung Mülheims als erbarmungslose Gewalttat gegeißelt – der Kölner Rat glaubte indessen, nicht nur eine militärische Bedrohung abgewendet zu haben: Nach getanem Werk wurden der Kommission, die für die Mülheimer Befestigungen zuständig war, auch gleich die Beratungen über die Bürgerrechte der Protestanten übertragen. Und die so erfolgreiche Kommission schlug eiligst eine im November 1617 vom Rat angenommene neue *Qualifikationsordnung* vor, derzufolge jeder Kölner Bürger katholisch getauft sein mußte und nicht vom katholischen Glauben abfallen durfte – sonst verlor er seine bürgerlichen Rechte; damit war Köln endgültig eine ausschließlich katholische Stadt geworden.

In den nächsten annähernd zweihundert Jahren führten die kleinen evangelischen Gemeinden Kölns (man schätzt die Zahl ihrer Mitglieder auf höchstens 3000) eher eine Art von Untergrunddasein. Der Erwerb von Grund und Boden war den Protestanten untersagt, vom Einzelhandel waren sie ausgeschlossen, Gottesdienste durften nur heimlich abgehalten werden. Die damalige Toleranzlage der freien Reichsstadt schildert sehr schön der englische Theologe John Wesley, der 1738 am Rhein weilte: „Schlagt ihn nieder, den lutherischen Hund!" – mit diesen gastfreundlichen Worten wurde er in Köln begrüßt: Wesley hatte seinen Hut aufbehalten, als auf dem Domplatz eine Prozession vorüberzog. 1714 war mit einer neuen „Beysassen"-Ordnung (so nannte man die nicht-katholischen Einwohner) die rechtliche und wirtschaftliche Stellung der Protestanten weiter verschlechtert worden, damals emigrierten neun bedeutende Fabrikanten- und Kaufmannsfamilien ins Rechtrheinische – nach Mülheim, wo Glaubensfreiheit herrschte...

Zu letzten religiösen Unruhen kam es – man glaubt es kaum – noch im Jahre 1787, als protestantische Kreise beim Rat den Bau eines eigenen Bethauses und einer Schule beantragten. Dem allgemeinen Geist des aufgeklärten Zeitalters Rechnung tragend, wollten Bürgermeister Franz Jakob von Hilgers und eine Mehrheit des Stadtrates diesem Ansinnen entsprechen – doch nach unerwarteten Widerständen aus der Bürgerschaft, die sich in Aufläufen und wüsten Pöbeleien entluden, mußte diese Zusage schließlich zurückgenommen werden. Ganz Deutschland lachte damals über das kleingeistige Köln...

Erst durch die französischen Besatzer wurden Gewerbe-, Niederlassungs- und Religionsfreiheit in Köln installiert: Seit 1797 durften Protestanten das Bürgerrecht erwerben; und ein Jahr später ließ sich mit Isaak Stein aus Mülheim auch wieder ein Jude in Köln nieder.

Seit 1424 war Köln nämlich, um den unmenschlichen Begriff aus der Nazi-Zeit einmal zu übernehmen, „judenfrei". Die einst blühende jüdische Gemeinde, die älteste in Deutschland (im Jahre 321 wird sie erstmals erwähnt), war durch das unbeschreibliche Massaker im Pestjahr 1349 fast vollständig ausgerottet worden; erst 1372 hatten sich wieder Juden in Köln niedergelassen, denen gegen Zahlung hoher Abgaben jeweils für zehn Jahre der Aufenthalt in der Stadt erlaubt wurde. Schließlich entzog der Rat den Juden aber endgültig das Niederlassungsrecht – zur Ehrenrettung der Kölner sei gesagt, daß endlose Auseinandersetzungen mit dem Fiskalherrn der Juden, dem verhaßten Kölner Erzbischof, den Anlaß dieser Maßnahme bildeten, es ging, wie so oft, ums Geld; im Herbst 1424 wurde das jüdische Getto aufgelöst und seine Bewohner ausgewiesen.

In einem ausführlichen Rechtfertigungsschreiben an Kaiser Sigismund nannte die Stadt Köln im Jahre 1431 einige Gründe für die Vertreibung, *nur:* der eigentliche Anlaß wurde schamhaft verschwiegen – die Juden hätten (eine nicht ganz originelle Behauptung) die Brunnen vergiftet, Bekehrungsversuche an Christen unternommen, sie stünden darüber hinaus in Kontakt mit den böhmischen Hussiten, den schlimmsten Feinden des Heiligen Römischen Reiches.

„Auf ewige Zeiten" ausgeschlossen, mußten danach beispielsweise jüdische Ärzte, die in Deutz praktizierten, ein Tagegeld zahlen, wenn sie Patienten in der freien Reichsstadt behandeln wollten. Viele Kölner Bürger wollten damals nämlich nur ungern auf die Behandlung durch ihre „Judendoktoren" verzichten...

Die nächsten, denen der Rat, rein chronologisch, den Daumen mit der unmißverständlichen Aufforderung: „Raus!" zeigte, waren die Zigeuner, wie man Angehörige der Volksgruppen der Roma und Sinti damals – und bis vor kurzem –

bezeichnete. Beim ersten Auftreten einer Schar „vremder, heydenscher lude" im Jahre 1452 gab es noch keine Probleme; doch seit dem 16. Jahrhundert häuften sich Ratsedikte, in denen man dem „diebisch volck", den „Tartaren und Egyptierern" – auch damit waren die Zigeuner gemeint – mit Ausweisung und Haft drohte, sollten sie die Stadt nicht freiwillig und unverzüglich verlassen.

Nun war das Mittel der Ausweisung über Jahrhunderte hinweg der bequemste Weg, um „mißliebiges Gesindel", Kleinkriminelle, Huren, auswärtige Bettler loszuwerden, ohne großen juristischen Aufwand zu betreiben. Ausgewiesen wurden daher Kölner und Auswärtige gleichermaßen, wobei zu bedenken ist, daß für den Rat der souveränen Reichsstadt Köln schon Leute aus Junkersdorf „Ausländer" waren; hielten die sich nicht an die obrigkeitlich verkündeten Normen, hieß es: „Hinaus!" Im – vergeblichen – Bemühen, eine „gudte Polizey" zu halten, ein geordnetes Staatswesen zu schaffen, forderten die Ratsherren die Kölner etwa im Jahre 1574 (und immer wieder) auf, aus Gründen der Sauberkeit und Hygiene Schweine von der Straße fernzuhalten; zugleich wurde dekretiert, „müßiggängerische" Elemente wie Schotten, Wallonen, Luxemburger Bettelstudenten (die den Kölner auf die Nerven und an den Geldbeutel gingen) und, wieder einmal, Zigeuner aus der Stadt zu schmeißen.

Diese Praxis hatte immerhin auch etwas Gutes: Die Herren des „hochweisen und hochedelen Rates", so ihre offizielle Selbstbezeichnung, immer auf Gegenkurs zum Erzbischof, der sich ja – trotz der verlorenen Schlacht von Worringen (siehe Kapitel: Freiheitskampf und demokratische Verfassung) – weiter beharrlich als Herr der Stadt betrachtete, verhinderten auf dem Höhepunkt des Hexenwahns, im ersten Drittel des 17. Jahrhunderts, eine Reihe von Prozessen und Folterorgien.

Zahlreiche der Hexerei beschuldigte Frauen übergaben die kölnischen Behörden nämlich nicht der erzbischöflichen Blutgerichtsbarkeit, sondern wiesen sie kurzerhand aus der Stadt – damit fiel in Köln eine (im Vergleich zu anderen Städten) „geringere" Zahl von Frauen den Hexenverfolgern zum Opfer – das sollte doch, Toleranz hin, Toleranz her, auch mal gesagt werden. Jawohl...

Es lebe der Kaiser!

Franzosen und Preußen in Köln

Schierer Haß sprach aus den Worten des Professors: „Weg mit der Ehrenlegion! Weg mit der Legion von Ratten!" Vier Wochen nach dem Abzug der Franzosen aus Köln, im Februar 1814, veröffentlichte Ferdinand Franz Wallraf – anonym und aus sicherer Entfernung – ein Spottgedicht auf Napoleon und seine geschlagene Armee. „Abschied an das wegziehende Personal der verhaßten französischen Administration" war das bemerkenswerte Werk betitelt, mit dem sich der Gelehrte als Franzosenfeind „outete" – zehn Jahre vorher, beim Besuch ebenjenes Kaisers in Köln, hatte das alles noch etwas anders geklungen: „Jauchzet, Uferbewohner – Napoleon ist da!" hatte Wallraf, mit der Vorbereitung der Festlichkeiten beauftragt, getextet; für den Kaiser der Franzosen fand er den schönen Vergleich: „Napoleon der Große – größer als Alexander, Cäsar und Charlemagne!"

Wallraf personifiziert nachgerade eine erstaunliche Wandlungsfähigkeit (den Begriff „Opportunismus" sollte man in Zusammenhang mit Köln gar nicht erst verwenden), die von weiten Teilen der Kölner Oberschicht nach 1794 und 1814 (und erst recht danach!) an den Tag gelegt wurde. 1797 hatte Wallraf noch den Eid auf die französische Verfassung verweigert; als er dann Professor an der Zentralschule und deren Nachfolgerin, der Sekundarschule zweiten Grades, geworden war, paßte er sich, um den französischen Autor Bob St. Claire einmal zu zitieren, „mit der Geschmeidigkeit einer Wildkatze" den politischen Verhältnissen an – und setzte sich kurzerhand gleich an die Spitze der Napoleon-Bewunderer. Nach 1814, nach seiner Wandlung zum deutschen Patrioten, verkehrte er, in demutsvollem Ton, wie es sich ziemte, mit Mitgliedern des preußischen Königshauses.

Es war ein denkwürdiger Tag in der Geschichte der freien Reichsstadt Köln, der 6. Oktober 1794: Zwischen zwei und drei Uhr zogen Kolonnen der französischen Revolutionsarmee durch das Hahnentor in Köln ein – erstmals seit dem Bau der mächtigen Festungsanlagen, die die Kölner im 12. Jahrhundert begonnen hatten, betraten feindliche Soldaten die Stadt. Und die Kölner staunten nicht schlecht: „Die Soldaten sehen erbärmlich aus – keine Schuhe, keine Strümpfe, zerrissene Beinkleider, Röcke, die wegen der vielen Risse kaum noch aneinanderhängen, keine Hemden. An eine Uniform, wie bei deutschen Regimentern, ist gar nicht zu denken – der eine trägt einen blauen, der andere grünen Rock, jener eine Weste mit Ärmeln oder einen Überrock, der eine Schuhe, der andere Stiefel, ein Dritter Überstrümpfe, der eine einen dreieckigen Hut, der andere eine Stallmütze, dieser eine Grenadierhaube, jener einen mit Wachstuch überzogenen Hut", notierte ein Augenzeuge. Mit der Bewaffnung der glorreichen Armee sah es auch nicht viel besser aus: „Einer führte ein blankes, der andere ein angelaufenes Gewehr, diesem fehlte das Bajonett, einem Dritten der Ladestock; beim Fußvolk wie der Kavallerie trifft man Waffenstücke von allen Truppen, gegen welche die Republik Krieg führte, kaiserliche, holländische, englische, hessische Gewehre und Säbel." Immerhin hatte dieser schlecht bewaffnete Haufen die kaiserliche Armee zu Beginn des Sommers 1794 bei Fleurus in Belgien geschlagen – nach diesem Sieg stand den Revolutionstruppen das gesamte linksrheinische Gebiet offen. Der Rückzug des Reichsheeres führte an Köln vorbei, unterhalb von Mülheim hatte man zwei Brücken errichtet, über die die geschlagenen Truppen ins Rechtsrheinische abzogen, mit ihnen drei Kompanien der Kölnischen Stadtsoldaten.

Köln war somit ohne militärischen Schutz, als die Sambre-Maas-Armee unter General Jourdan sich der Bannmeile der Stadt näherte. Dem Rat blieb gar nichts anderes übrig, als die kampflose Übergabe anzubieten. Am frühen Morgen des 6. Oktober 1794 war der ehemalige Postmeister Elsen den französischen Vorposten entgegengeritten und hatte dem General Championet erklärt, daß die freie Reichsstadt Köln ihm die Tore öffnen werde. Am Mittag übergab der Bürgermeister Reiner Joseph Anton von Klespe dem General vor dem Hahnentor die Stadtschlüssel, nachdem Championet versichert hatte, daß die französische Nation sich nicht in die Regierungsangelegenheiten „friedfertiger Völker" einzumischen gedenke; Personen, Eigentum, Gesetze und Religion würden in der Stadt geachtet.

Und so marschierten etwa 12 000 Soldaten in Köln ein, sie besetzten die Stadttore und Kaufhäuser, beschlagnahmten die am Rheinufer lagernden Waren. Der Rat hatte die Aufgabe, die Truppen zu verpflegen und in den Bürgerhäusern einzuquartieren. Die Soldaten erwiesen sich erstaunlich diszipliniert – „man hört nichts von Diebstahl, Raub und Schändung", beobachtete ein Kleriker. Die Kölner atmeten auf, als ihnen auch vom Volksvertreter Gillet bestätigt wurde, daß „jeder Bürger und Einwohner und auch die Geistlichkeit nicht nur bei ihrem Gottesdienste verbleiben und wie seither geschehen fortfahren, sondern auch in Ansehung ihrer Personen und Privat-Eigenthums alle Sicherheit genießen und dabei geschützt werden sollen." Ärgerlich hingegen war der Umstand, daß es in der ganzen Stadt von Soldaten nur so wimmelte, Kramläden und Gasthäuser mit Franzosen vollgepfropft waren, die mit ihrem wertlosen Papiergeld, den Assignaten, bezahlten. Eher widerstrebend nahmen dann Magistrat und Zunftvertreter an einem Revolutionsfest teil, das nach dem

Eintreffen des Oberkommandierenden der Sambre-Maas-Armee, des Generals Jourdan, auf dem Neumarkt stattfand. Man errichtete einen sogenannten „Freiheitsbaum", der mit Fahnen und einer Jakobinermütze geschmückt war. Das Ende ihrer reichsstädtischen Freiheit feierten die Kölner also mit einem Tänzchen um einen ziemlich dürren Baum – und der Parole: „Es lebe die Freiheit! Es lebe die Republik!"

1794: der Tanz um den Freiheitsbaum

Genau zehn Jahre später wird am Rheinufer ein leicht veränderter Slogan skandiert: „Es lebe der Kaiser!" Ganz Köln ist auf den Beinen, die Stadt geschmückt und illuminiert, als Napoleon Bonaparte, mittlerweile zum Kaiser proklamiert, am Abend des 13. September 1804 unter Glockengeläut und Kanonendonner durch das Eigelsteintor einzieht. Der Kaiser, so hatte der *Maire de la ville de Cologne*, Johann Jakob von Wittgenstein, die *Citoyens* aufgefordert, solle in Köln „empfangen werden wie noch in keiner anderen Stadt". Am nächsten Tag, gegen 21 Uhr, begibt sich der Korse mit Gattin Josephine zum prächtig erleuchteten Freihafen, der mit Ehrenpforten, Trophäen, Girlanden und Denkmälern verziert ist. Das Markmannstor schmückt eine Abbildung Napoleons in römischer Rüstung. Vom Turm des ehemaligen Fleischmenger-Hauses am Fischmarkt, dessen Saal mit fünf Kupferstichen, die Schlachten Alexanders des Großen darstellend, ausgestattet ist, beobachtet der Kaiser das Spektakel, das zu seinen Ehren veranstaltet wird. Das gesamte Rheinufer ist, soweit das Auge reicht, mit Fackeln und Lichtern erhellt, die beiden großen Kräne an der Trankgasse und an der Rheingasse sind ebenfalls prächtig beleuchtet. In der Mitte des Flusses ankern eine mit unzähligen Lampen erleuchtete Brücke und viele Schiffe; auf einem sogenannten Plattschiff zündet der Kunstfeuerwerker Monnet ein prachtvolles Feuerwerk. „Unbegreiflich, groß und majestätisch ist von dieser Höhe, im Mittelpunkt des Halbmondes, mit welchem Hafen und Stadt den Rhein wie einen Meerbusen umfangen, die Szene, die den Kaiser beherrscht. Es ist, als ob zur Verherrlichung des Mannes, dem bisher nichts unmöglich war, die Aufgabe gelöst werden will, die ewigen Elemente des Wassers und des Feuers in eine wundervolle Harmonie zu verschmelzen. Und beide Elemente scheinen hier ihre Rollen zu tauschen – Feuerschiffe wallen auf den Wellen, der Strom brennt in tausend Gestalten!" Voller Emphase schildert ein Beobachter das Spektakel – das auch den Kaiser beeindruckt: Über eine Viertelstunde steht er auf dem Altan, in tiefes Nachdenken versunken. Als er vom Balkon zurücktritt, äußert er in seiner gewohnt kurzen Redeweise sein Wohlgefallen, er wisse mit der ihm entrollten Szenerie nichts zu vergleichen.

Die Kölner feierten Napoleon als den Mann, der dem Rheinland Frieden und Gesetzmäßigkeit gebracht hat. Bei der katholischen Bevölkerung gewann er Sympathien durch den Abschluß des Konkordates mit dem Papst, mit der Errichtung des Bistums Aachen war religiöser Friede eingekehrt, im Januar 1804 konnten gar die Gebeine der Heiligen Drei Könige nach Köln zurückkehren. Als im Mai 1804 in allen französischen Départements ein Plebiszit stattfand, mit dem über das erbliche Kaisertum des Ersten Konsuls abgestimmt werden sollte, gab es in Köln nur eine (!) Gegenstimme. Hinter seinem *Non* in der Abstimmungsliste vermerkte der Citoyen Grappert, ein ehemaliger Schneider, mit gesunder kölscher Logik: „Wenn Napoleon mir mein Eigentum wiedergibt, so will ich ertragen, daß er Kaiser wird." Bei soviel Anhänglichkeit wollte sich auch Napoleon nicht lumpen lassen – er nahm Köln in die Reihe der *bonnes villes* (der „guten Städte") erster Ordnung auf.

Die Besetzung der Stadt im Oktober 1794 hatten die meisten Kölner als eine vorübergehende Prüfung angesehen – doch spätestens, als im September 1797 der alte reichsstädtische Rat durch einen provisorischen Magistrat ersetzt wurde, war klar geworden, daß die französische Präsens zum Dauerzustand werden könnte. Es hatte also immerhin drei Jahre gedauert, bis die Franzosen die mittelalterliche Ratsverfassung abschafften – ohnehin ist die Stadt relativ lange von Neuerungen verschont geblieben, abgesehen von der Einführung des Revolutionskalenders. Für die Franzosen hatte die neue Zeitrechnung mit dem 22. September 1792 begonnen, dem Gründungstag der Republik. Die Monate erhielten neue, an den Jahreszeiten orientierte Namen – so war etwa der 3. November 1797 nach dem neuen Kalender nun der 13. *Brumaire* (Nebelmonat) des Jahres VI. Doch in Köln konnte sich die verwirrende Zeitrechnung ohnehin nicht durchsetzen, in der Regel wurde in allen deutschsprachigen Verordnungen die Zählung des Gregorianischen Kalenders beibehalten. Auch die französischen Nationalfeste, die die christlichen Feiertage ablösen sollten, wurden von den Kölner nur halbherzig angenommen – sie nahmen viel lieber an der Fronleichnamprozession teil, die bis 1797 sogar unter dem Schutz französischer

Soldaten stattfand. Im selben Jahr war die Jesuitenkirche St. Mariae Himmelfahrt zum sogenannten „Dekadentempel" umfunktioniert worden, hier sollte dem revolutionären „Kult der Vernunft" gehuldigt werden; unter mäßiger kölscher Beteiligung, wie man sich denken kann – schließlich ging es um Vernunft...

Als positiv empfanden die Kölner dagegen einige Maßnahmen, die Köln dem Mittelalter entreißen sollten: Erstmals wurden die Häuser der Stadt duchgezählt – so kam die weltberühmte Zahl 4711 zustande, die die Firma Mülhens im 19. Jahrhundert zu ihrem Markennamen macht. Bisher kannte man in Köln nur auf Schilder gemalte Häusernamen wie „Zur fetten Henne" oder „Zum Overstolz". Das Militär hatte zudem die allgemeine Beleuchtung der Straßen und Plätze angeordnet, eine Reihe von ihnen wurden umbenannt. Es war daher kein Zufall, daß erst jetzt das erste Kölner Adreßbuch erschien, mit dem Verzeichnis von Namen und Wohnsitz der Bürger.

Schon einen Monat nach dem Einmarsch hatte der Stadtkommandant indessen eine für Köln in der Tat revolutionäre Verordnung erlassen: „Soll ein jeder Einwohner in den Wintermonaten Oktober bis März um 8 Uhr, und in den übrigen Monaten um 7 Uhr seine Straße kehren. Des weiteren: wird hiermit einem jeden Bürger aufgegeben, keinen Unrat, als da ist: Gemüseblätter, Asche, und wie es nur immer Namen haben mag, auf die Straße zu schütten, sondern den Unrat solange in seinem Haus aufzubewahren, bis des Morgens die Karre vorbeifährt, wo er alsdann solchen auf den Karren zu schütten hat; auf daß der Unrat von jeder Straße täglich, und wie es sich gehört, rein und sauber weggeschafft werde." Bis zu diesem Zeitpunkt versanken Straßen und Gassen in Unrat und Kot; „die Straßen und die Einwohner sind gleich finster, Köln ist in jedem Betracht die abscheulichste Stadt Deutschlands", „die häßlichste und schmutzigste Stadt, die ich je sah" – nur zwei

Aussagen von Köln-Besuchern aus dem 18. Jahrhundert. Der erste Anlauf zu einer geregelten Straßenreinigung war im übrigen schon während des Siebenjährigen Krieges unternommen worden, als die freie Reichsstadt französische Truppen (Frankreich war damals mit dem Reich verbündet) hatte einquartieren müssen. Auf Drängen französischer Offiziere hin führte der Rat 1761 bestimmte Kehrzeiten ein und eine regelmäßige Abfuhr des Hausmülls auf Nachbarschaftsbasis, offensichtlich mit wenig Erfolg. Vor allem gegen den Uringestank, der die Stadt wie eine Käseglocke überdeckte, schützten sich die feinen Pariser Kavaliere mit Tüchern, die sie in „Kölnisch Wasser" getaucht hatten und die vor die Nase gehalten wurden – so begann der Funktionswandel eines Heilwassers, das als Duftwasser zur Weltmarke werden sollte.

Auch die französischen Revolutionäre mußten indessen in Köln die schmerzliche Erfahrung machen, daß Vorschriften nur wenig nützen, wenn sie nicht eingehalten werden – auch nach 1794 wurde das Kehren vor den Haustüren eher lax ausgeführt, die angelegten Schutthaufen waren oft schon verstreut, wenn die Karren eintrafen.

Später sollten auch die Preußen vor den Kölner Übelständen kapitulieren: Die Stadt behielt auch nach 1815 ihren unsauberen Ruf, Besucher aus England stellten sarkastisch fest, die drei dreckigsten Städte dieser Welt fingen mit einem „C" an – Calcutta, Constantinople, Cologne.

Die Auflösung der Gaffeln, die Abschaffung des Zunftzwanges, die Zuwanderung von Juden und vor allem Protestanten, in der Mehrzahl bergischen Textilfabrikanten, die Umstellung des Münzsystems auf Francs und Centimes, die das rheinische Münzgewirr von Stübber, Blaffert, Fettmengen, Kreuzer, Albus und so weiter ablösten – durch all diese Maßnahmen wurden der Kölner Wirtschaft zunächst starke Impulse gegeben, vor allem floß endlich wieder Kapital in großgewerbliche

Betriebe. Unter einer Maßnahme litt allerdings der Handel, der Verlegung der Zollgrenze an den Rhein. Die von den Franzosen erhobene „Douane" war so hoch, daß die traditionellen Handelsströme zwischen beiden Rheinufern abrupt unterbrochen wurden. Eine Folge der hohen Zölle und verschiedener Ein- und Ausfuhrverbote war ein lebhafter Schmuggel über den Rhein, an dem sich alle Bevölkerungskreise beteiligten, vor allem im Schmuggel mit Seide entdeckten die Kölner eine neue Einnahmequelle.

Zum wirtschaftlichen Aufschwung trug indessen auch die „Säkularisation" bei – so umschrieb man vornehm den Übergang kirchlichen Eigentums in die Verfügungsgewalt des Staates (der es in vielen Fällen an Privatleute weiterveräußerte). Gerade im „hilligen Coellen" (siehe Kapitel: Colonia Sancta) mit seinen elf Stiftskirchen, 19 Pfarrkirchen, 68 Klöstern, 158 (Beginen-)Konventen, 35 Hospitälern samt ihren Kapellen und den 27 „öffentlichen" Kapellen gab es natürlich sehr viel zu „säkularisieren", zumal die meisten geistlichen Institute Häuser in der Stadt besaßen und über unterschiedlich großen Landbesitz im Umland verfügten. Die überwiegende Zahl von Kirchen und Klöstern wurde im Sommer 1802, nachdem ein Konsularbeschluß die Aufhebung der geistlichen Kongregationen angeordnet hatte, beschlagnahmt, zweckentfremdet, „umgenutzt", verkauft oder einfach abgebrochen (viele davon allerdings erst in preußischer Zeit). Einer typischen Kölner Legende zufolge sollen nur Juden und Protestanten, seit 1797 im Besitz des Bürgerrechts, ehemaliges Kirchengut erworben haben – das genaue Gegenteil war der Fall: Nicht nur Kölner Bankiers und Unternehmer wie Schaaffhausen, Herstatt, Heimann oder Farina witterten gute Geschäfte beim Kauf geistlicher Immobilien, im Regelfall waren es biedere mittelständische Bürger, die die von den Behörden angebotenen Objekte zu günstigen Preisen an sich brachten – auch unter den katholischen Kölnern (und das war ja die übergroße Mehrheit) stieß die Säkularisation auf Zustimmung, schließlich profitierte man ja davon: In reichsstädtischer Zeit hatte fast 48 Prozent der Fläche innerhalb der Kölner Stadtmauer den geistlichen Instituten gehört...

Charakter und Gesicht Kölns wurden auf jeden Fall durch die Säkularisation entscheidend verändert – vom „hilligen Coellen" konnte 1804, als Napoleon die Stadt erstmals besuchte, keine Rede mehr sein, Köln war nun „la ville de Cologne", eine mehr oder weniger normale französische Provinzstadt.

Im November 1811 weilte der Kaiser ein zweites Mal in Köln, dabei verirrte er sich, als er allein sein Quartier, das Zuydwijksche Haus in der Gereonstraße, verließ, in die Elendsviertel hinter dem Alten Graben; auch in der „guten Stadt Köln" waren Armut und Elend nicht beseitigt, lebten zahlreiche Einwohner, die auf Almosen und Armenpflege angewiesen waren. Dieses Elendsquartier hatten die Kölner, so gut es ging, mit großem Kostenaufwand verdeckt, seltene Bäume und Laubgewinde prangten davor, es sollte wirklich schwer fallen, die Armut dahinter zu entdecken. Napoleon hatte den Garten seines Palais durch eine kleine Pforte verlassen, und trat unversehens in den Alten Graben und die benachbarten Gassen – stumm blickte er auf den Jammer vor sich, sah zerlumpte Greise, halbnackte, verhungernde Kinder; und er blickte zurück, auf den Palast, in den man Tausende von Francs gesteckt hatte, um ihn anständig zu empfangen. Seufzend zog er seine Börse und verteilte alles, was er darin fand, an die Bewohner, Hütte für Hütte.

Als der Kaiser anschließend die Honoratioren der Stadt traf, zeigte er sich noch betroffen. „Sie haben es gut mit mir gemeint, Sie wollten mir eine Freude machen, aber ich kenne leider die Welt. Es ist auch nicht zweckmäßig, dem Fürsten nur die Glanzseite eines Gemäldes zu zeigen. Was ich sah, hat mich tief ergriffen, aber es ist recht, daß ich es sah. Ich habe gehört, daß mein Empfang hier 12 000 Francs gekostet hat, ich werde mich revanchieren und Ihnen aus meiner Kasse diese Summe anweisen lassen, die Sie am besten an jene Unglücklichen verteilen lassen. Wenn ich aber wiederkomme, so lassen Sie diese Ausgaben, reichen Sie mir die Hand, sagen Sie mir, daß man mich nicht verkennt – das wird mir die größte Freude sein!" Bürgermeister von Wittgenstein und sein Gefolge reagierten auf diese Rede mit viel Beifall – und dem Ruf: „Es lebe der Kaiser!"

Der nächste ausländische Gast, der in Köln mit Jubel empfangen wurde, ist ein einfacher Kosaken-Unteroffizier – zum angekündigten dritten Bonaparte-Besuch kam es ja bekanntlich nicht mehr. Der Feldzug nach Moskau hatte das Ende der napoleonischen Ära eingeläutet. Nach ihrem Sieg in der Völkerschlacht bei Leipzig gingen die verbündeten Preußen, Österreicher und Russen in die Offensive, in der Neujahrsnacht des Jahres 1814 überschritt der preußische Oberkommandierende, General Blücher, den Rhein bei Kaub. Zwei Wochen später wurde Köln von den Franzosen geräumt.
In einer Rückblende schildert ein Augenzeuge die Ereignisse dieses 14. Januars 1814: „Am Tage Felix, des Vormittags, versammelten sich die wenigen hier noch anwesenden französischen Militäre, die Zoll- und anderen Administrations-Beamten auf dem Neumarkt und zogen, mit dem kommandierenden General Sebastiani an der Spitze, friedlich und feierlich durch das Hahnentor aus der Stadt. Beim Abschied, den der letztere von Köln nahm, glaubte er mit den Worten: *Adieu, jusqu'à la belle saison!* der lieben Uferstadt und der Rheingränze sein Wiedererscheinen im Frühjahr zu verheißen. – Nachmittags stieg, nach der den jenseits des Rheins stehenden Alliierten gegebenen Kunde von dem Geschehen, ein Kosaken-Unteroffizier in hiesigen Freihafen ans Ufer. Der Jubel, unter welchem derselbe von einer unzähligen Menschenmenge aufs Rathaus begleitet

war, darf für diejenigen, in deren Erinnerung diese Scene noch gegenwärtig ist, gewiß keiner ausführlichen Beschreibung."

So, so: Die einrückenden Russen und Preußen wurden als „Befreier" gefeiert, die 20 Jahre unter französischer Herrschaft galten von Stund an als „Fremdherrschaft" – erst ein Jahr später, als die Hoffnungen auf die Wiederherstellung der alten reichsstädtischen Freiheit sich nicht erfüllten, machte sich Enttäuschung breit. Als die Nachricht eintraf, daß der Wiener Kongreß die gesamten Rheinlande, und damit auch Köln, dem Königreich Preußen zugeschlagen habe, soll der Kölner Bankier Abraham Schaaffhausen den vielzitierten Stoßseufzer von sich gegeben haben: „Jesse, Maria und Joseph, do hierode mir ävver in en ärm Famillisch!"

Katzenjammer nach dem großen Jubel: Als aus Berlin verlautete, daß das Kabinett das rückständige Allgemeine Preußische Landrecht auch im Rheinland einzuführen gedenke, formierte sich erstmals Widerstand – galt es doch, die bürgerlichen Freiheiten, die man zu schätzen gelernt hatte, gegen das reaktionäre Preußen zu verteidigen. Eine königliche „Immediat-Justiz-Kommission", die die Gesetzgebung im Rheinland vorbereiten sollte, stieß überall auf den Wunsch nach Beibehaltung des französischen Rechtssystems, der Zivil- und Strafprozeßordnung, vor allem des *Code civil*, den Napoleon als seine größte Leistung bezeichnet hatte. Auch die Stadt Köln bezog in einer vielbeachteten Adresse an den König Stellung: „Wir wagen die Entfernung des Feudalsystems, die Gleichheit in Verteilung aller Abgaben, die Gleichheit aller Staatsbürger vor dem Gesetz und vor dem Richter, die Öffentlichkeit des gerichtlichen Verfahrens, die Unabhängigkeit des Richteramtes, die Trennung der Gewalten, das Urteil des Geschworenengerichts in Kriminalsachen und die Freiheit des Handels und der Gewerbe als solche Grundsätze zu bezeichnen, die auf das Landeswohl vorteilhaft gewirkt haben, und deren zukünftige Handhabung in jeder Hinsicht zu wünschen ist."

Ähnlich dachte man wohl im gesamten Rheinland – die Regierung in Berlin mußte schließlich nachgeben: Das Recht der „Fremdherren", das man aus klar ersichtlichen Gründen plötzlich „Rheinisches Recht" nannte, blieb den Rheinländern erhalten; die französische Verwaltungsordnung blieb bis 1846 in Kraft, der *Code civil* gar bis zum 31. Dezember 1899, erst dann wurde er durch das Bürgerliche Gesetzbuch abgelöst.

Daß der Zwangsheirat von 1815 allmählich eine Vernunftehe folgte, lag auch an Männern wie dem ersten Regierungspräsidenten Solms-Laubach, der den Wünschen und Problemen der Rheinländer viel Verständnis entgegenbrachte. Carl Schurz, der in Liblar geborene Publizist, Freiheitskämpfer von 1848 und spätere amerikanische Innenminister, bemerkt in seinen Memoiren: „Anfangs erschien die preußische Herrschaft wie eine Fremdherrschaft (sic!), die – wie es fast immer der Fall ist – dem Gefühl der Eingeborenen widerstrebte; im Laufe der Zeit sah man allerdings ein, daß die ehrliche und gut geregelte Administrationsweise der Preußen große Vorzüge besaß."

Vor allem in einer Hinsicht gingen die Preußen klüger vor als ihre Vorgänger: Die Franzosen hatten den Karneval verboten – Karnevalisten waren für sie „Übelgesinnte, die einem Chamäleon gleich alle Farben annehmen, alle Gelegenheiten ergreifen, um die öffentliche Ruhe und Ordnung zu stören." Daher untersagten die Besatzungsbehörden von der Fastnacht des Jahres 1795 bis 1800 alle „Maskeraden, alles Hin- und Herlaufen in den Gassen in Verkleidungen, in einer Zeit, in welcher aus abergläubischem Mißbrauch unvernünftige Menschen in Larven und Verkleidungen gehüllt, in den Straßen umherlaufen." Die Preußen hingegen akzeptierten den Karneval, gaben ihm indessen 1820 eine „neue Ordnung" und unterstützten schließlich sogar die Gründung jenes

„Festordnenden Comitees", das im Winter 1822/23 von Kölner Bürgern ins Leben gerufen wurde – der Vorläufer des FKK, des „Festkomitees Kölner Karneval", das bis heute als eine Art Schattenkabinett wichtige kommunale Entscheidungen fällt.

Es war nicht zuletzt die Sehnsucht nach der verlorenen Zeit einstiger Größe, die die Männer um den „Ersten Sprecher" des Komitees zusammenführte, den Juristen Johann Heinrich Franz Anton von Wittgenstein, einen Verwandten des ehemaligen Bürgermeisters (den man wegen der Mitgliedschaft in der französischen Ehrenlegion regelrecht „in die Wüste geschickt" hatte). Karneval als Renaissance des mittelalterlichen Köln, die auch unser guter alter Wallraf beschwor: „Erschein, nun alte Zeit samt altem Blaffertstück, komm Geckenberndgen noch zum Gottstragtag zurück, laß Bürgerfahnen bunt zu Colonellschaften prunken, und unser Bataillon mit den fünfhundert Funken!" reimte der kauzige Gelehrte.

„Der in ganz Teutschland einstens so berühmte kölnische Carneval soll durch das Zusammenwirken mehrerer Verehrer alter Volkstümlichkeit in diesem Jahr durch einen allgemeinen Maskenzug erneuert und gefeiert werden", hieß es in der Proklamation des „Festordnenden Comitees", das von den Preußen sofort, sozusagen als offizielles Organ des Karnevals, akzeptiert wurde. Max-Leo Schwering, langjähriger Direktor am Kölnischen Stadtmuseum und ausgewiesener Brauchtumsforscher, hat denn auch unmißverständlich festgestellt: „Der Kölner Karneval war von Anfang an propreußisch!" Es waren Militärpferde im Paradegeschirr, Wagen samt Kutschen, die den ersten Rosenmontagszügen ihren Glanz verliehen, selbst die Vorreiter stammten aus Kölner Kasernen – und auch das Musikkorps der Garnison wurde bei jecken Veranstaltungen sehr geschätzt. „Die Karnevalisten", so Schwering, „haben sich ausnehmend gut mit den preußischen Militärs verstanden."

Wie weit die innige Bindung ging, zeigt das Beispiel des Kommandeurs der 15. Kavallerie-Brigade, des Generals Karl Heinrich Maximilian von Czettritz und Neuhaus, eines gebürtigen Sachsen; er erschien im Januar 1827 in der Generalversammlung der „Großen Carnevalsgesellschaft" – auf einer Welle nationaler Begeisterung bot man dem General an, ihn zu „nationalisieren" (heute würde man sagen: „einkölschen"). Der nahm gerührt die Kölner „Ehrenbürgerschaft" an – in seiner Dankesrede fiel zum ersten Mal das geflügelte Wort: „Gleiche Brüder – gleiche Kappen!" Von Czettritz machte allen Ernstes den Vorschlag, „daß wir hierfür als Unterscheidungszeichen der Eingeweihten ein kleines buntfarbiges Käppchen während unserer Veranstaltungen aufsetzen, um diejenigen, die hier unbefugt eindringen, erkennen und nach ihrem Verdienst abweisen können." Der Stadtsekretär Johann Peter Fuchs notierte als Augenzeuge: „Die ganze Versammlung war geraume zeit verdutzt, weil keiner begreifen konnte, wie er während der vergangenen Jahre nicht selbst schon auf diesen herrlichen, jedem naheliegenden Einfall geraten sei. Dann aber erhob sich bis dahin noch nie gehörter Beifall, und bereits zwei Tage später hatte das Comitee eine Reihe von Musterkappen zur Entscheidung vorliegen." Der 14. Januar 1827 – die Geburtsstunde der Narrenkappe, ein königlich-preußischer General ihr Erfinder!

Und auch Wallrafs Wunsch nach Wiederauferstehung der Funken, der kölnischen Stadtsoldaten, ging alsbald in Erfüllung: Nach und nach gründeten sich mehrere Garden, die Roten, Blauen, Gelben und Grünen (?) Funken, die Ehren- und die Prinzengarde; heutzutage sieht es in der Session zeitweise so aus, als hätten deren Uniformierte die Stadt regelrecht besetzt ...

In ihrer liebedienerischen Haltung gegenüber der Obrigkeit gingen die Herren des Festkomitees im übrigen in den 1870er Jahren noch einen Schritt weiter: Nach dem deutsch-französischen Krieg, der die deutsche Einheit unter preußischer

Führung brachte, änderte man den Namen der jecken Symbolfigur – seit 1823 stand der „Held Carneval" an der Spitze der närrischen Bewegung; nun aber, in diesen glorreichen Tagen, konnte neben dem „Heldenkaiser" Wilhelm kein „Held Carneval" mehr auftreten. Und so schuf man kurzerhand den „Prinzen Karneval" der seit der Session 1871/72 die Narren hierzulande regiert.

Nach den siegreichen preußischen Kriegen von 1864, 1866 und 1870/71 war die Mehrheit der Rheinländer – und der Kölner – ohnehin auf die Linie eines überschwenglichen „borussischen" Nationalismus eingeschwenkt.

Ein Vierteljahrhundert zuvor hatte es noch ganz anders ausgesehen, die zweite Hälfte der 1840er Jahre kann man gut und gern als Tiefpunkt im Verhältnis zwischen Köln und Preußen ansehen. Die „ehrliche und gute" Administration der Preußen hatte nämlich schlichtweg versagt, als das industrielle Zeitalter angebrochen war – die Regierung in Berlin hatte keine Rezepte gegen die wirtschaftliche und soziale Krise, die seit 1830 immer offensichtlicher wurde, sie betrieb so gut wie keine Wirtschafts- und Sozialpolitik. Die Lage weiter Bevölkerungskreise verschlechterte sich somit auch in Köln dramatisch, und Kritik an den katastrophalen Verhältnissen beantwortete Berlin mit Zensur, Verboten und dem Einsatz von Militär – wie im August des Jahres 1846, als es im Verlauf der Brigittenkirmes, eines der beliebtesten Kölner Volksfeste, zu „Krawallen" kam. Der Regierungspräsident hatte den „alljährlich geübten Unfug", Raketen und Feuerwerkskörper abzuschießen, verboten, die aufgebrachte Menge sah darin einen Eingriff in kölsche Traditionen. Einige Heißsporne hatten natürlich doch Raketen abgefeuert – und so kam es, wie es kommen mußte: Von Deutz aus griffen Dragoner in den Tumult rund um Groß St. Martin ein, ritten alles nieder, was ihnen unter die Hufe ihrer Rösser kam, es gab einen Toten und zahlreiche

1897: Einweihung des Denkmals für den „Heldenkaiser" Wilhelm I.

Verwundete. Die Kölner Stadtverordnetenversammlung beschwerte sich bei König Friedrich Wilhelm IV. über das Militär – um sich eine scharfe Zurechtweisung aus Berlin einzuhandeln; der Monarch lobte, in schon verletzender Weise, seine Soldaten und drohte unverhohlen: „Die Auflehnung gegen die öffentliche Gewalt ist überall ein schweres, in seinen Folgen unberechenbares Verbrechen."

Die Vorgänge in den ersten Augusttagen 1846 werden oft als Vorspiel der 1848er Revolution bezeichnet – nicht ganz zu Recht: Die „Krawalle" waren nämlich nicht unbedingt eine Folge sozialer Not, die Bürger erhoben sich, so Georg Böhnisch (in seinem Buch „Köln und Preußen"), weil ihnen die Obrigkeit „den Spaß an der Freud," verderben wollte. Zwei Jahre später war Köln das Zentrum der „Revolution" – doch als es darum ging, am 15. August 1848 die 600-Jahr-Feier der Grundsteinlegung des Domes zu begehen, überwogen eher nationale als revolutionäre Töne. 30 000 Besucher waren gekommen, König Friedrich Wilhelm IV. sowie Vertreter der

75

Frankfurter Nationalversammlung geladen, auch der als „Reichsverweser" amtierende Erzherzog Johann hatte sein Erscheinen angekündigt – sie alle wurden von der Bevölkerung gleichermaßen gefeiert. „Der ehrwürdige Gürzenich konnte an diesem 15. August 1848 mit Stolz zwei bedeutsame Fürsten und die Elite des deutschen Volkes seine Gäste nennen – das Fest verlief außerordentlich glänzend", bemerkte ein Teilnehmer. Es kam zu regelrechten Verbrüderungsszenen, ein Toast auf die nationale Einigung folgte dem anderen, was aber im Getümmel bisweilen unterging. Adolf Klein hat das Fest mit dem sehr schönen Satz kommentiert: „Es spricht für den Takt der Kölner, daß sie an den Festtagen selbst die Revolution schweigen ließen und nicht etwa wie die Düsseldorfer die Kutsche des Königs mit Kot bewarfen."

Köln, am 15. Oktober 1880: Kaiser Wilhelm I. und seine Gemahlin Augusta schreiten die Treppen des Domes empor, begrüßt und zum *Tedeum* im Inneren geleitet werden sie von Weihbischof Johannes Baudri; die Miene des Weihbischofs spiegelt etwas von der Bitterkeit wider, die unter den deutschen Katholiken angesichts des Kulturkampfes herrscht. Der von der Regierung abgesetzte Erzbischof Paulus Melchers weilt noch immer im holländischen Exil – in Köln wird indessen das Fest der Domvollendung begangen. Wegen des Kulturkampfes ist es lange fraglich gewesen, ob der Kaiserbesuch überhaupt zustande kommt – und ob die Domvollendung überhaupt gefeiert werden soll. Die kurzfristig erfolgte Entscheidung des Kaisers zur Teilnahme an der Feier stellt Stadt und Domkapitel aber vor vollendete Tatsachen. So wurde in engster Abstimmung mit den preußischen Behörden ein pompöses Fest vorbereitet, bei dem aber unter allen Umständen vermieden werden sollte, daß es zu einer Brüskierung des Kaisers oder zu einer als Versöhnung mit der katholischen Kirche empfundenen Demonstration kommen sollte. Die Kölner

Bevölkerung hat mit derartigen diplomatischen Erwägungen ohnehin nichts am Hut – wie 1848 wird der Monarch begeistert empfangen; es entwickelt sich das größte nationale Fest, das Köln im 19. Jahrhundert sieht: „Alle Straßen, die unser Kaiser durchfahren mußte, waren dicht mit Neugierigen besetzt, und die Fenster vermochten die Schaulustigen kaum zu fassen. Die Erregung, die sich bei seinem Nahen in den Massen kundtat, das betörende Hurra, das ihn empfing, mußte unserem Kaiser ein Beweis sein, wie sehr er die Stadt mit seinem Besuch beehrt", schrieb der „Stadt-Anzeiger".
Und was brüllte die Menge? Natürlich: „Es lebe der Kaiser!"

PS: Ein Schweizer Besucher hat einmal festgestellt, daß in keiner anderen preußischen(!) Stadt so viele Königsdenkmäler errichtet worden seien wie in Köln. Und in keiner anderen Stadt gebe es so viele Straßen, die nach preußischen Helden und Ministern benannt seien (Schill, Lützow, Roon, Grolman und natürlich Bismarck, um nur einige zu nennen). Moltke und Bismarck sind darüber hinaus zu Kölner Ehrenbürgern befördert worden (wie später ja auch Hitler, Göring, Goebbels, Rosenberg und Ley). In einer Stadt, in der sich noch zu Beginn der 1990er Jahre ein – immerhin aus der Fusion von Traditionsvereinen entstandener – Fußballklub mit dem Namen „Preußen" schmückt, kann es mit dem Antipreußentum nicht so weit her sein ...

Das Bollwerk

Köln in der NS-Zeit

Der leider viel zu früh verstorbene Gérard Schmidt, ein Köln-Kenner *par excéllence* (er war lange Jahre Redakteur beim „Kölner Stadt-Anzeiger", anschließend Direktor des Hänneschen-Theaters, danach arbeitete er als freier Autor) hat in seinem Buch „Kölsche Stars" einige Sätze hinterlassen, die exakt das beschreiben, was Kölner Künstler (und die Kölner allgemein) mit der NS-Diktatur verband – nämlich so gut wie nichts: „Obwohl ein jeder sich auf seine Weise mit dem sogenannten Dritten Reich, dem Krieg und seinen Folgen auseinandersetzen mußte, sucht man nach künstlerischen Konsequenzen vergeblich. Kölsche Muse und Volkskunst liefen vielmehr neben den politischen Verhältnissen jener Jahre nahezu unberührt her. Der eigentliche Grund liegt darin, daß die Stadtgemeinschaft nach 1933 nicht in der braunen Volksgemeinschaft auf- und dann mit ihr unterging. Eher im Gegenteil: Dadurch, daß es hier gelang, den Unterschied zwischen beiden Gemeinschaften immer bewußt zu erhalten, wurde die Stadtgemeinschaft zu einer Arche, mit der die Kölner über die Katastrophe hinwegtrieben." Und: „Gerade an den typischen Äußerungen der Kölner Volkskunst: dem Karneval, dem Divertissementchen des Kölner Männer-Gesangvereins, der Millowitsch-Bühne und dem Hännes'chen läßt sich der Selbsterhalt der Stadtgemeinschaft besonders deutlich ablesen."

Als die amerikanische Schriftstellerin Martha Gellhorn im März 1945, nach dem Einmarsch der Amerikaner, nach Köln kommt, bilanziert sie die Selbsteinschätzung der verbliebenen Einwohner: „Niemand ist ein Nazi. Niemand ist je einer gewesen. Es hat vielleicht ein paar Nazis im nächsten Dorf gegeben."

Die kalte Schulter

Köln und der Nationalsozialismus – eine Stadt und eine Ideologie, die nicht miteinander konnten?
Mit Verweis auf das Ergebnis der letzten halbwegs freien Reichstagswahlen im März 1933 wird in Köln beharrlich – und mit der Argumentationskraft einer Gebetsmühle – behauptet, Hitler und seine Parteigenossen hätten hierzulande kaum Anhänger gehabt. Das ist insofern richtig, als die Nationalsozialistische Deutsche Arbeiterpartei in Köln gerade 'mal 33 Prozent der Wählerstimmen erhielt, damit weit unter dem Reichsdurchschnitt blieb, der bei 43,9 Prozent lag – im gesamten Wahlkreis Köln-Aachen waren es sogar nur 30,1 Prozent. Das heißt aber, daß immerhin jeder dritte Kölner Wähler den Nazis seine Stimme gegeben hatte – oder haben wir uns da verrechnet?

Auch bei den Kommunalwahlen am 12. März 1933 ging die NSDAP als stärkste Partei hervor, doch trotz ihrer 39,6 Prozent und einiger Überläufer verfügte sie nicht über die Stimmenmehrheit in der Stadtverordnetenversammlung. Wie bei den Reichstagswahlen erklärte man die Mandate der Kommunisten für „unwirksam" – und nun reklamierte die NSDAP die Besetzung des Oberbürgermeister-Postens für sich. Schon am Morgen des 13. März erschien der „Westdeutsche Beobachter", das Organ des NS-Gaues Köln-Aachen, mit der

Schlagzeile: „Rücktritt Adenauers! Nationale Mehrheit!" Der seit 1917 amtierende Oberbürgermeister war natürlich nicht zurückgetreten – Konrad Adenauer hatte sich mehrfach die Feindschaft der lokalen NS-Größen zugezogen; so protestierte er gegen einen Erlaß des preußischen Innenministers Hermann Göring (der hatte die Polizei zum rücksichtslosen Gebrauch der Schußwaffe gegen „linke Randalierer" aufgefordert). Im Februar weigerte er sich, den neuen Reichskanzler Adolf Hitler auf dem Flughafen Butzweilerhof zu begrüßen; Hitler, der gerade eine Wahlkampfreise durch Deutschland unternahm, komme nicht als Kanzler, sondern als Parteiführer, so die Begründung Adenauers. Konsequenterweise hatte er verboten, aus Anlaß des Besuches die öffentlichen Gebäude zu beflaggen, an der Deutzer Brücke angebrachte Hakenkreuzflaggen ließ er entfernen.

Angesichts ständiger Drohungen und einer SA-„Wache" vor seinem Haus hatte Adenauer inzwischen seine Familie in Sicherheit gebracht; und um der geplanten Verhaftung zu entgehen, verließ er am Morgen des 13. März die Stadt und fuhr nach Berlin, wo er sich im Innenministerium über den Regierungs- und den Polizeipräsidenten beschweren wollte. Was er von den neuen Machthabern hielt, hatte er einer Freundin geschrieben: „Wir sind mitten in einem regelrechten Umsturz, Recht und Verfassung gelten nichts mehr."
Die „Machtergreifung" in Köln mußte also, zur großen Enttäuschung der lokalen Nazi-Größen, ohne den verhaßten Oberbürgermeister stattfinden – auf Druck des NSDAP-Gauleiters Grohé verfügte zunächst Regierungspräsident Elfgen am Morgen des 13. März 1933 die „Beurlaubung" Adenauers, ehe gegen 11 Uhr die Hakenkreuzflagge auf dem Rathausturm gehißt wurde. Vor einer riesigen Menschenmenge proklamierte Grohé dann ein neues Stadtoberhaupt, das Parteimitglied Dr. Günter Riesen, einen Wirtschaftswissenschaftler.

Die Absetzung Adenauers nahm man in Köln erstaunlich gelassen hin; als am 30. Januar 1933 die Nachricht aus Berlin eingetroffen war, Reichspräsident Paul von Hindenburg habe den „Führer" der NSDAP, Adolf Hitler, zum Reichskanzler ernannt, reagierten die meisten Kölner immerhin überrascht, eine weitverbreitete Meinung lautete aber: „Laßt ihn doch an die Macht kommen, es dauert ein paar Wochen, dann ist er wieder weg." Die Mutter von Heinrich Böll, eine einfache Frau, bewies da schon mehr Durchblick: „Hitler – das bedeutet Krieg!" soll sie an jenem 30. Januar gesagt haben.

Selbst die Kölner Nazis waren an diesem Tag überrascht worden: „Wie ein Lauffeuer durchjagte die Meldung die Stadt. Ungläubige, der Überraschung noch nicht mächtig, wurden belehrt. Gegner, kaum zu sehen, schwiegen erdrückt von der Wucht des befürchteten Geschehens", triumphierte am 31. Januar 1933 der „Westdeutsche Beobachter". Im lokalen Hauptquartier der NSDAP, dem „Braunen Haus" in der Mozartstraße, brach Hektik aus, nach Berliner Vorbild organisierte man flugs eine pompöse „Siegesfeier" – die am Abend nach Hitlers Ernennung in den Deutzer Messehallen durchgeführt wurde. Gauleiter Grohé versprach den angetretenen Formationen von SA, SS und Stahlhelm, der „Führer" werde die nun errungene Macht „nie mehr" aus den Händen geben. Nach der Kundgebung zogen die Parteigenossen – wieder nach Berliner Muster – mit Fackeln zum Rudolfplatz. Am Neumarkt soll ein Trupp von Kommunisten die vorbeiziehenden Nazis noch keck verhöhnt haben: „Der Hitler kann uns am Arsch lecken!"

Köln und Hitler – auch so eine Sache.
Hitler habe Köln eher gemieden, nur ein einziges Mal besucht, und dabei sei er kühl und reserviert empfangen worden, hört man immer wieder, auch heute noch, selbst von Leuten,

die man dem Widerstand zurechnen muß. Insgesamt gab es aber, was den meisten Kölnern offensichtlich entgangen ist, acht „Führer"-Besuche am Rhein, der Vollständigkeit halber seien die Daten der Kundgebungen hier einmal aufgezählt: 18. August 1930, 9. März 1932, 28. Juli 1932, 30. Oktober 1932, 19. Februar 1933, 28. März 1936 und 30. März 1938. Dazu kommt noch jenes wichtige Geheimtreffen zwischen Hitler und von Papen, das am 4. Januar 1933 in der Lindenthaler Villa des Kölner Bankiers Kurt Freiherr von Schröder stattfand; hier wurden in ganz entscheidendem Maße die Weichen für die „Machtergreifung" gestellt. Dieser Tag ist oft als „Geburtsstunde des Dritten Reiches" bezeichnet worden – Köln wäre dann der „Geburtsort"...

Die erste große Kundgebung für den neuen Reichskanzler im Rheinland nannte die örtliche NSDAP „Hitlertag" – alle Besucher der Versammlung am 19. Februar 1933 (die eigentlich eine Wahlkampfveranstaltung für die Reichstagswahlen am 5. März war) „werden Adolf Hitler sehen", hieß es in der Einladung; umrahmt wurde die Veranstaltung in den Messehallen, die Goebbels moderierte, von einer „Heerschau der braunen Bataillone", die am Nachmittag durch die Stadt zum Messegelände zogen, und einer „großen Rheinbeleuchtung" am Abend. Neue Techniken kamen im übrigen zum Einsatz: Hitlers Rede wurde im Radio übertragen, über Lautsprecher wurden auch der Neumarkt und andere Plätze in der Innenstadt mit den rhetorischen Meisterleistungen des „Führers" beschallt. Hitler griff in seiner Rede vor allem das Zentrum an – „Abrechnung mit der Heuchlerpolitik!" nannte das der „Westdeutsche Beobachter", der auch beobachtet haben wollte, daß „ganz Köln auf den Beinen war". Wie immer hatte Hitler kein Blatt vor den Mund genommen und öffentlich verkündet: „Heute reden sie von Freiheit! Wir werden in Deutschland die Freiheit erst wieder kennen, indem wir die Feinde der Freiheit vernichten." Und: „Wer sich auf den Boden des November 1918 stellt, hat überhaupt kein Recht, von Eid, von Schwur, von Verfassung zu sprechen!"

Daß Hitler selbst den Boden des November 1918, als die Republik ausgerufen worden war (die später den „Schandvertrag" von Versailles unterzeichnete), zu keiner Zeit betreten hatte, zeigte sich auch am 7. März 1936, als die deutsche Wehrmacht – unter Bruch des Versailler Vertrages – das entmilitarisierte Rheinland besetzte. „Wieder Herr im eigenen Lande! Volle Souveränität im Rheinland wiederhergestellt – deutsche Soldaten beziehen Friedensgarnisonen!" So bejubelte der „Westdeutsche Beobachter" den gelungenen Coup in seiner Ausgabe vom 8. März.

Fast 18 Jahre lang hatte Köln kein deutsches Militär mehr gesehen. In diesen Jahren hatten sich beträchtliche Veränderungen imStadtbild vollzogen – die alten Befestigungsanlagen waren den Bestimmungen des Versailler Vertages gemäß geschleift worden; an deren Stelle wurden der Grüngürtel angelegt und etwa das Müngersdorfer Stadion errichtet worden, für dessen Bau sich Oberbürgermeister Adenauer stark gemacht hatte. Die Kaserne in Deutz, gegenüber von Dom und Rathaus, die das Kürassierregiment Graf Gessler beherbergt hatte, war zum Rheinischen Museum umfunktioniert worden, die Boltensternkaserne der schweren Pioniere in Riehl zum Alten- und Pflegeheim.

Das besiegte Deutschland hatte 1919 der entmilitarisierten Zone im Rheinland zustimmen müssen – neben den linksrheinischen Gebieten gehörte ein 50 Kilometer breiter Streifen auf dem rechten Rheinufer zu dieser Zone, in der weder Truppen stationiert noch Festungsanlagen unterhalten werden durften. Als Bürgschaft für die immensen Reparationsleistungen, die die Alliierten der Weimarer Republik auferlegt hatten, war darüber hinaus das linksrheinische Deutschland in drei Besatzungszonen eingeteilt worden, die bei pünktlicher

Einhaltung des Vertrages schrittweise geräumt werden sollten, Köln gehörte zur ersten Zone, für die eine fünfjährige Besatzungszeit vorgesehen war; hier zogen britische Soldaten ein, denen die Bevölkerung anfangs mit äußerster Ablehnung gegenüberstand.

Die Weigerung der britischen Regierung, 1923 bei der Besetzung des Ruhrgebietes mitzuwirken, kam den Truppen Seiner Majestät indessen zugute – als sie Ende Januar 1926 aus Köln abzogen, schied man in gegenseitigem Respekt.

Was die Weimarer Politiker, an der Spitze der langjährige Außenminister Gustav Stresemann, eher behutsam ins Werk gesetzt hatten, die vielzitierte „Revision des Versailler Vertrages", wurde von Hitler unter purer Mißachtung auch späterer Abmachungen (wie etwa des Locarno-Vertrages) fortgesetzt; im März 1935 verkündete die Reichsregierung die Wiedereinführung der allgemeinen Wehrpflicht, aus der Reichswehr, die seit 1919 nur 100 000 Mann unter Waffen halten durfte, wurde die Wehrmacht, eine Armee, die schnell mit modernem Material und Waffen hochgerüstet wurde.

Den Befehl zum Einmarsch ins Rheinland hatte Hitler am 2. März 1936 erteilt. Als Anlaß für den Bruch der Verträge von Versailles und Locarno diente ihm der kurz zuvor ratifizierte französisch-sowjetische Bündnisvertrag, der in der Tat geeignet schien, alte deutsche Einkreisungsängste zu schüren. Für den 7. März war dann der Reichstag einberufen worden, um eine „wichtige Erklärung der Reichsregierung" entgegenzunehmen. Da das gleichgeschaltete „Parlament" nicht sehr oft zusammentrat und nur noch als Claqueur-Auditorium diente, war man auch in Köln gespannt, was der „Führer" seinen Volksgenossen mitzuteilen gedachte. Gegen Mittag des 7. März versammelten sich daher viele Kölner vor den Häusern, aus denen Lautsprecher die Reichstagssitzung *live* übertrugen. Hitler ließ sich zunächst über den Ersten Weltkrieg, über Versailles, den Völkerbund und die Deutschland zugefügten Demütigungen aus, ehe er auf die aktuelle Situation zu sprechen kam – mit einem einzigen, eher versteckten Hinweis auf das, was in den nächsten Tagen die Welt beschäftigen sollte: „Im Interesse des primitivsten Rechts unseres Volkes auf Sicherung seiner Grenzen und zur Wahrung seiner Verteidigungsmöglichkeiten hat daher die deutsche Reichsregierung mit dem heutigen Tag die volle und uneingeschränkte Souveränität in der demilitarisierten Zone des Rheinlandes wiederhergestellt."

Daß damit der Einmarsch der Wehrmacht gemeint war, mußte man den betroffenen Rheinländern erst klarmachen – nach Hitlers Rede wurde über Lautsprecher mitgeteilt: „Deutsche Truppen ziehen ins Rheinland ein!" Da kannte der Jubel, wie die „Kölnische Zeitung" meldete, „keine Grenzen mehr".

Als die ersten Kontingente über die Hohenzollernbrücke, die damals auch von Autos befahren werden konnte, in die Stadt einrückten, wurden sie von den Kölnern, die sich auf Rampen und Gehsteigen drängten, stürmisch begrüßt. Von allen Seiten waren Schaulustige herbeigestürmt, nachdem sich die Nachricht herumgesprochen hatte.

Um 14.45 Uhr entstieg der Kommandierende General des VI. Armeekorps, Generalleutnant von Kluge, vor dem Excelsior-Hotel einem Kraftwagen. Oberbürgermeister Riesen begrüßte ihn und seine Begleitung im Namen der Stadt – und unter dem Jubel der Bevölkerung. Der Kölner Erzbischof, Kardinal Schulte, begrüßte in einem Telegramm an den Reichskriegs-minister „die berufenen Waffenträger unseres Volkes", die als Hüter des Friedens und der Ordnung ins deutsche Rheinland zurückgekommen seien. Auch die Kölner Universität, die sich 1933 schon vor der offiziellen „Gleichschaltung" selbst gleich-geschaltet hatte, stimmte in den allgemeinen Jubel „über die kühne Tat des Führers und Befreiers" ein: „Heer und Univer-

sität sind Kampfgenossen! Beide sind Wächter der deutschen
Kultur, des deutschen Geistes, der deutschen Zucht und Ordnung."

Am Abend des 7. März veranstaltete die NSDAP auf dem
Domplatz eine große „Freiheitskundgebung", der – wieder
einmal – ein Fackelzug vorausging. Gauleiter Grohé beschrieb
in seinem holprigen Jargon die allgemeine Stimmung: „Heute
ist das Gefühl und die Gewißheit, endlich frei zu sein, Allgemeingut geworden! Mein Führer, die ganze Bevölkerung ist
nun so treu zu Ihnen geworden, wie wir, Ihre alten Kämpfer,
Ihnen von Anfang an waren!"

Die Westmächte reagierten auf Hitlers Wochenend-Coup nur
mit verbalen Protesten, die der „Führer" abschätzig beiseite
schob.

28. März 1936: Hitlers triumphaler Einzug in Köln

Das Gelingen der Aktion führte dazu, sein Ansehen in Deutschland, in der ganzen Welt, ja selbst in Köln weiter zu stärken. Das zeigte sich deutlich schon im Vorfeld der für den 29. März kurzfristig angesetzten Reichstagswahlen – die die Zustimmung der Deutschen zur Politik der Nationalsozialisten manifestieren sollten. Höhepunkt des „Wahlkampfes" in Köln war Hitlers Besuch am 28. März 1936, von Grohé zum „größten Ereignis aller Zeiten in der Geschichte Kölns" deklariert. Eine regelrechte Massenhysterie brach aus, „eine Stimmung wie heute bei Popkonzerten", erinnern sich Augenzeugen, sei aufgekommen, als der „Führer" im offenen Wagen durch Köln fuhr. Im Gürzenich ließ sich Hitler wie ein mittelalterlicher Monarch huldigen – Vertreter der „rheinischen Stände", Bürgermeister, Handelskammerpräsidenten, Wirtschaftsführer und nicht zuletzt die Rektoren der Universitäten bekundeten dem „Führer und Reichskanzler" die Ergebenheit der rheinischen Städte und Landschaften.

Folgen wir der einschlägigen Kölner Argumentation, so müssen die Menschenmassen, die an jenem 28. März 1936 auf Straßen und Plätzen ausharrten und „Heil Hitler" brüllten, wohl von auswärts herangekarrt worden sein – aus Bergheim, Leverkusen, Opladen und Bensberg, wo die eigentlichen Hitler-Verehrer beheimatet waren…
Hitler selbst hat dieses überaus gut inszenierte Schauspiel von Potemkinschen Ausmaß indessen nicht durchschaut. In einem Gespräch soll er später geäußert haben, daß ihm in Köln mehrere Hunderttausende „die größten Ovationen seines Lebens" gebracht hätten. Vor Freude über sein Erscheinen habe die ganze Menge jedesmal bei seinem Betreten des Dom-Hotel-Balkons „geschunkelt".

Klatschmarsch im Gleichschritt

Schunkeln – wenn es etwas gibt, was die Kölner, besser und progressiver, was die KölnerInnen können, dann das: Schunkeln. „Jedes Johr em Januar un em Monat Februar, kribbelt, krabbelt jedemein et jehörig en de Bein", reimte Parteigenosse Willi Ostermann, der wohl bekannteste Kölner Karnevalist aller Zeiten, in einem seiner schönsten Lieder.

Für den lebenslustigen Teil der Kölner Bevölkerung kann nichts Schlimmeres passieren, als daß der Karneval ausfällt. Das passierte aber leider des öfteren – so auch in den Jahren 1931 und 1932, als man die Rosenmontagszüge infolge der Weltwirtschaftskrise absagen mußte. Erst in der Session 1932/33 gelang es einem wiedergegründeten „Bürgerausschuß", in dem sich Vertreter des Festkomitees und Freunde des kölnischen Brauchtums zusammenfanden, den Karneval zu neuem Leben zu erwecken – der Verein „Alt-Köln", Kunstgewerbemuseum und Historisches Museum organisierten eine Ausstellung zur Geschichte des „Fastelovends", die von 75 000 Kölnern besucht wurde. Damen und Herren der „besseren" Gesellschaft führten allabendlich die Revue „Quer durch den Fasteleer" auf, die den „Stadt-Anzeiger" zu Lobeshymnen hinriß: „Ein Abend der Gesundung, der Wegbereitung, der Renaissance."

Am 27. Februar 1933, dem Rosenmontag, hatte Köln endlich wieder seinen Zug, zugleich gingen in diesem Jahr erstmals die „Veedelszöch" durch die Stadt, mit der man an die Tradition der „Banden" anschließen wollte. Vom Ring aus marschierten die Zöch zum Dom-Hotel, wo – nein: nicht Hitler – Bürgerausschuß und Festkomitee Preise vergaben. Jecke unter den Kölnern waren sich einig: „Dat wor ens echte Fastelovend, dat maache mer jetzt jedes Johr." Da stimmte man mit dem „Westdeutschen Beobachter" überein, der die Session '32/33 mit den schönen Worten gelobt hatte: „Der Kölner Karneval war wieder ein echter Volkskarneval und keine Massenfabrikation aus dem jüdischen Warenhaus." Inzwischen hatte die NSDAP die Macht übernommen, zwei Wochen später (siehe oben) jagten die Nazis den OB Adenauer, der die närrische Renaissance emsig gefördert hatte, aus dem Amt.

Nach dem zeitlosen Motto: „Und wer ein Weiser, juble sich heiser, es lebe der Kaiser!" (siehe Kapitel: Es lebe der Kaiser!) paßten sich Gesellschaften und Korps geschmeidig den Vorgaben der neuen Obrigkeit an. Mit der „Obrigkeit" und Hierarchien hatte der offizielle Karneval noch nie Probleme gehabt – schon zu Kaisers Zeiten verherrlichte man in der Bütt ein von deutschen Truppen angerichtetes Blutbad an chinesischen Rebellen (beim „Boxer"-Aufstand im Jahre 1900 – „Pardon wird nicht gegeben", hatte Wilhelm Zwo befohlen); und von einer Parodie auf das preußische Militär konnte bei den diversen Funken längst keine Rede mehr sein, nein, die waren mittlerweile besser als ihr „Vorbild": Uniformierte Jecke schlugen die Hacken vorschriftsmäßig zusammen, wenn Gardeoffiziere bei der Aufnahme neuer Rekruten ein kräftiges: „Funken, opjepass" in den Saal schnarrten. Und so mancher preußische Unteroffizier wurde blaß vor Neid, sah er Angehörige der Funken beim Regimentsappell exerzieren…

In diesem Sinne suchten denn die Karnevals-Oberen gleich nach der „Machtergreifung" den Gleichschritt mit den neuen Herren. Bei der Prinzen-Garde wurde verkündet, „daß die Führer der amtlichen Stellen selbstverständlich in den Reden unangetastet" bleiben müßten. Für die Korps-Aufmärsche verpflichtete Präsident Thomas Liessem praktischerweise gleich die Kapelle der SA-Brigade 71. Bei den Roten Funken trötete die Kapelle der Kölner SS-Standarte, mal in Uniform, mal in „Rot-Weiß". Mit dem Hitlergruß und dem Absingen des Horst-Wessel-Liedes begann Präsident Hollmann die Sitzungen der „Großen Karnevalsgesellschaft", in Treue fest gedachte man „des Führers und des Vaterlandes", bevor gesungen, geschunkelt und gelacht wurde.

Kölner Narrenfreiheit – 1934 werden die Juden verspottet

Und worüber lachte man? Auch über antisemitische Witze, die in der Bütt gerissen wurde. In den Sälen hielten Jecke und Volksgenossen, Parteimitglieder und NS-Schergen fortan „die Reihen fest geschlossen"; nationalsozialistisches Gedankengut zog ein – da stand die Schelte am Völkerbund neben der Forderung nach Rückgabe der Kolonien, und immer wieder wurden Juden als hakennasige Fratzen dargestellt, die in die Wüste geschickt werden sollten. Das hörte sich dann etwa so an: „Hurra, mer wäde jetzt die Jüdde los, die janze koschere Band trick nohm jelobte Land, mir laachen uns for Freud kapott, der Itzig und die Sara trecken fott!" lautete der Refrain eines Stimmungsliedes von Jean Müller, und Jean Schmitz setzte als Sternendeuter auf Sprüche wie: „Der mieseste Stern ist der Davidsstern!"
Schon 1934 war beim Rosenmontagszug der sogenannte „Palästina"-Wagen mitgefahren, der die Juden verunglimpfte

(„Die letzten ziehen ab"). Fortan fehlten derartige Wagen in keinem Zoch. Zugleiter war übrigens Carl Umbreit, Präsident bei den „Kölnischen Rheinländern" und bei der Großen Allgemeinen; über ihn urteilte 1948 der Entnazifizierungsausschuß, er sei ein „überzeugter Nazi" gewesen.

Die Fastelovends-Offiziellen suchten (wie immer!) engen Kontakt zur politischen Führung – und umgekehrt. Man freute sich, wenn bei Prinzenproklamationen Gauleiter und Wehrmachtsgeneräle in der ersten Reihe saßen – und dann war es kein Wunder, daß auch die Wiederbewaffnung besungen wurde: „Dem Frieden gilt's und Schutz der großen Tat, die unserem Führer soll gelingen, mit Gottvertrauen wird er das Riesenwerk vollbringen."

Alaaf, Rakete.

1935 kam es indessen zu einer ernsthaften Krise im Verhältnis Narren und Nazis: Einem eigens gegründeten „Verein Kölner Karneval" wollte die NS-Stadtverwaltung das Regiment über die Jecken anvertrauen; diese Tartarenmeldung durcheilte das närrische Köln – da regte sich doch einmütiger Widerstand. Seitens der NSDAP war der Beigeordnete Willi Ebel mit der Betreuung des Karnevals beauftragt worden, für Ebel war der Karneval lediglich ein Wirtschaftsfaktor. Angesichts der immer noch gespannten Haushaltslage der Stadt mußten sich Festkomitee und Bürgerausschuß (die 1934 zu einem „Führerrat" verschmolzen) mißmutig damit abfinden, daß der von Ebel geleitete Verkehrsverein 1934 und 1935 als Organisator der Rosenmontagszüge aufgetreten war. In größerem Stil wurde nun Fremdenverkehrswerbung mit dem Karneval betrieben – und auch beachtlicher Erfolg erzielt: Sonderzüge aus Wien, aus Königsberg und weißgottwoher brachten zahlreiche Besucher an den Rhein; Geldgier, wohin man schaut…

Nach dem Vorbild des gleichgeschalteten Münchner Faschings wollte Ebel nun den Karneval mittels eines neuen Vereins völlig von der Partei abhängig machen – und noch stärker als „Zugpferd" des Fremdenverkehrs nutzen (daher sollten Reden und Lieder künftig einer „künstlerischen" Vorzensur unterworfen werden). Am 24. Mai 1935 erfuhren die Kölner aus der Zeitung, daß ein „Verein Kölner Karneval" gegründet worden sei – in der Meldung wurde dieser Schritt mit Mißständen in den närrischen Strukturen begründet, von unumgänglichen Reformen war die Rede, zudem wurde Repräsentanten des Karnevals der – unglaubliche – Vorwurf gemacht, sie zögen geschäftliche Vorteile aus ihren Ehrenämtern.

Vor allem dieser Vorwurf brachte viele altgediente Jecke „auf die Palme" – an ihre Spitze stellte sich Thomas Liessem, der junge Präsident der Prinzen-Garde. Er verfaßte eine Denkschrift, in der sich „der gesunde Sinn des Fastelovendsfreunds gegen Maßnahmen wehrt, die den Karneval in den Sektor der Bürokratie einverleiben", so kommentierte der „Stadt-Anzeiger" die Schrift, die immerhin in vollem Wortlaut abgedruckt werden konnte. Die Veröffentlichung löste eine Welle der Solidarität aus, zugleich erklärten die Präsidenten der führenden Gesellschaften ihren Auszug aus dem Verkehrsverein. Für den Abend des 27. Mai 1935 wurde eine Versammlung von Karnevalsfreunden anberaumt; der große Saal der Lesegesellschaft in der Langgasse war hoffnungslos überfüllt, als Liessem einen heimatverbundenen Karneval beschwor, der frei sein sollte von bürokratischer Bevormundung – und frei von politischen Einflüssen (!). Von der Stimmung im Saal hingerissen, schlug er vor, anstelle des Vereins einen „Festausschuß" zu gründen, der den Karneval als „Herzenssache aller echten Kölner" vertreten solle. Dieser Vorschlag wurde von der Versammlung sofort angenommen – und Liessem zum Vorsitzenden gewählt.

Was niemand zu glauben wagte, trat ein: Die Nazis, mit derartigen Äußerungen des Volkswillens nicht unbedingt vertraut, gaben nach – Gauleiter Grohé distanzierte sich von

Ebels Plänen und forderte ihn auf, den VKK aufzulösen und den Karneval den Karnevalisten zu überlassen.

Die „Narrenrevolution": ein Sieg jecker Solidarität?

Die Ereignisse von 1935 dienten nach dem Krieg immer wieder als Beleg für die Repressionen, denen der Karneval seitens des Regimes ausgesetzt gewesen sein soll – und für den „Widerstand", den man geleistet habe. Jawohl – Thomas Liessem, von 1935 bis 1939 und erneut von 1956 bis 1963 Präsident des Festkomitees, schaffte es, den Karnevalisten den Rang von Widerstandskämpfern zu verschaffen.
1939 hatte Liessem das Verhältnis des jecken Widerstands zum NS-Regime noch so definiert: „Seit der Machtübernahme hat das vaterstädtische Fest viel Unterstützung durch Behörden und Partei erfahren; insbesondere sind es die Oberbürgermeister seit 1933, die dem Fest ihre volle Unterstützung angedeihen ließen." Dreimol Kölle: Alaaf.
Mit der „Narrenrevolution" wurde bis weit in die 70er Jahre kaschiert, in welch verblüffendem Gleichklang mit den NS-Vorgaben sich der Karneval befunden hatte. Inhalte hatten nämlich 1935 nicht zur Diskussion gestanden – es ging allein um die Eigenständigkeit des Karnevals. Als Dank für die Gewährung formaler Unabhängigkeit folgte nämlich nach 1935 eine Unterwerfungsgeste nach der anderen. Auf Wunsch der Nazis schlüpften „echte" Mädchen in die Trikots der „Tanzmariechen", eine Folge des NS-Feldzuges gegen Homosexualität – dieser „Austausch" wurde dankenswerterweise bis heute beibehalten. 1938 und 1939 wurden sogar die traditionell männlichen Jungfrauen des Trifoliums (des Kölner Dreigestirns, bestehend aus Prinz, Bauer und Jungfrau) durch „richtige" Jungfrauen ersetzt, die die „Deutsche Arbeitsfront" ausgesucht hatte; nach dem Krieg weigerte sich die „Traditionsgemeinschaft ehemaliger Prinzen, Bauern und Jung-

frauen" mannhaft, die beiden echten Jungfrauen in ihre Reihen aufzunehmen...

Selbst durch die sogenannte „Reichskristallnacht" ließen sich die Narren den Sessionsauftakt 1938 nicht vergällen – am Elften im Elften wurde auch in jenem Jahr auf dem Altermarkt geschunkelt und gebützt, obwohl in der ganzen Innenstadt noch Spuren der Ausschreitungen zu sehen waren, verwüstete und geplünderte Büroräume und Ladenlokale „nichtarischer" Geschäftsleute, zersplitterte Fensterscheiben; von der zerstörten Synagoge in der Glockengasse zog noch immer Brandgeruch über die Stadt. Nur wenige Meter weiter, auf der Schildergasse, sammelte das Dreigestirn am Nachmittag gutgelaunt für die „Volkswohlfahrt".
Wie heißt es so schön: „Ja, das ist Karneval..."

Fastelovend in der NS-Zeit: das kölsche Tabuthema schlechthin. Der Brauchtumsexperte Max-Leo Schwering, der sich als einer der ersten an dieses Stück Stadtgeschichte gewagt hat, glaubt zu wissen, warum die kollektive Verdrängung der NS-Zeit gerade unter den Jecken so gut funktioniert hat: „Alle, die irgendwie mit dem Karneval der 30er Jahre zu tun hatten, waren sich einig, so wenig wie möglich darüber zu erzählen – und schon gar nicht darüber zu schreiben."
Einer von Schwerings Vorgängern am Kölnischen Stadtmuseum hatte die allgemeine Richtung vorgegeben: „Durch die Bellen des Prinzen Karneval war der Marschtakt des Horst-Wessel-Liedes nur sehr undeutlich an die Ohren der Kölner geklungen", verkündete der angesehene Volkskundler Joseph Klersch bereits 1948. Wir erinnern uns: die „Stadtgemeinschaft", die *neben* der braunen Volksgemeinschaft existierte...

Die Aufarbeitung der dunklen Seite des „vaterstädtischen Festes" wurde aber auch dadurch erschwert, daß die meisten

Dokumente, die die innige Verbindung von Karneval und NS-Ideologie belegen, nach dem Krieg planmäßig vernichtet worden sind. Aus Chroniken zahlreicher Gesellschaften hatte man Aufzeichnungen kurzerhand herausgerissen, belastende Unterlagen in Archiven, auch in denen des Festkomitees, waren „irgendwie verschwunden", wie FK-Archivar Gerhard Wilczek vor Jahren mit Bedauern feststellte. Zeitzeugen hatten „kriegsbedingte Erinnerungslücken", die Bilder der „Palästina"-Wagen waren im Kölnischen Stadtmuseum mit einem „Gesperrt"-Stempel versehen worden.

Es sei nicht möglich, so stellte Schwering vor Jahren fest, „auch nur einen einzigen Rosenmontagszug der 30er Jahre lückenlos zu dokumentieren."

Als Schwering 1973 bei seinen Recherchen für das zusammen mit Klaus Zöller und Peter Fuchs verfaßte Buch „Kölner Karneval" (das 1973 zum 150jährigen Bestehen des Festkomitees erstmals erschien) Thomas Liessem, der mittlerweile zum Ehrenpräsidenten des FKK befördert worden war, und den damaligen Obernarren Ferdinand „Ferdi" Leisten mit ersten Ergebnissen konfrontierte, bekam er zur Antwort: „Lassen Sie die Finger davon!"

Schwering erinnert sich, daß auch Oberbürgermeister Theo „Döres" Burauen (der soll Mitglied der SPD gewesen sein) kräftig mitgeholfen habe, „die Dinge auf sich beruhen zu lassen" – nach dem schönen kölschem Prinzip: „Muss dat denn sein?" Burauen, der seine Polit-Karriere zum großen Teil mit Volksnähe und seiner Präsenz im Karneval vorangetrieben hatte, würdigte Liessem, der 1973 starb, auf der Trauerfeier als „großen Sohn dieser Stadt".

Unter solchen Umständen war es kein Wunder, daß 1983 die Examensarbeit der Lehramtskandidatin Ingrid Schwienhorst-Meier („Karneval im Dritten Reich unter besonderer Berücksichtigung der Stadt Köln") so gut wie unbeachtet blieb – darin waren schon zahlreiche Beispiele antisemitischer Hetze im Fasteleer aufgeführt.

Jürgen Meyer, Student an der Bergischen Universität Wuppertal, war 1995 der letzte, der in seiner Magisterarbeit eine wissenschaftliche Aufarbeitung der unrühmlichen NS-Vergangenheit des Kölner Karnevals anstrebte. In einem Beitrag für eine Kölner Zeitschrift zog er indessen eine ernüchternde Bilanz seiner Arbeit: „Wenig hilfreich waren Gespräche mit damals aktiven Karnevalisten. Die Bitte um Einsicht in Vereins- oder Privatarchive blieb zumeist mit Hinweis auf den Verlust durch Kriegseinwirkungen verwehrt. Dennoch gab es Gespräche, in denen Bemerkungen über sehr wohl vorhandene und relevante Materialien fielen – deren Veröffentlichungen aber dem Ansehen des Kölner Karnevals immens schaden würden."

Was fällt einem dazu ein? Helau...

Zipfelmütze: braun gefärbt

Wie hatte Schmidt geschrieben? Der „Selbsterhalt" der Stadtgemeinschaft ließe sich am Karneval ablesen? Und am Hänneschen? Und an Millowitsch? Über den Karneval wissen wir ja nun Bescheid, kommen wir zum „Hänneschen"...
Die Stockpuppenbühne wurde im Jahre 1802 von Johann Christoph Winter gegründet und zu einem Volkstheater ausgebaut. Mittlerweile gilt sie als *die* kölsche Institution, auch weil sie älter ist als das Festkomitee, älter als das Millowitsch-Theater. Fast immer werden im „Hänneschen" aktuelle und Tagesereignisse parodiert – nach der Devise: „Wat hück passet, kütt ovends op et Tapet!" Sollte das in der NS-Zeit anders gewesen sein?

Im Juli 1938 zog die Puppenbühne um, vom alten Domizil in der Sternengasse zum Eisenmarkt, wo noch heute Theater gespielt wird. Der Standortwechsel wurde mit einem Mini-Rosenmontagszug gefeiert. Ausführlich berichtet ein Bildband (der im Kölnischen Stadtmuseum aufbewahrt ist) über den „festlichen Umzug der Puppenspiele der Hansestadt Köln" (ach ja – Köln war damals Hansestadt). Den Zoch im Sommer ließen sich die Kölner natürlich nicht entgehen – Tausende bejubelten das von Hans Molitor, dem Verwaltungsdirektor der Städtischen Bühnen, organisierte Spektakel. Ganz im Sinne des Fastelovends hatte der Zoch ein Motto: „Mer han et jeschaff, et Hännesche trick öm." Molitor amtierte als Zugleiter, dem hoch zu Roß einige Herolde folgten. Symbolisiert wurde der Umzug durch einen großen Möbelwagen, der mit unterschiedlichen Requisiten aus der Sternengasse, darunter auch einer alten Kanone, dekoriert war. Der Wagen blieb übrigens am Buttermarkt stecken – die Räder hatten sich verklemmt. Mit dem Umzug des „Hänneschen" galt die sogenannte „Altstadtsanierung" als abgeschlossen. Das städtische Theater sollte nach dem Willen der Stadtverwaltung dem einst anrüchigen Bordell- und Vergnügungsviertel einen seriösen Ruf verschaffen. Doch auch in anderer Hinsicht funktionierte das „Hänneschen" so, wie es sich die NS-Obrigkeit vorgestellt hatte – die Puppenspieler waren auf Nazi-Kurs eingeschwenkt, Texte paßte man – „wat hück passet, kütt ovends op et tapet!" – der NS-Ideologie an. Neben seiner rot-weißen Zipfelmütze trug Hänneschen eine zweite, und die war tiefbraun.

Vor allem in den Abendstücken waren es immer wieder die Juden, die neben Zigeunern, Franzosen und Engländern dem kölschen Spott ausgesetzt wurden. Selbst im ersten Kinderstück im neuen Theater (Premiere am 1. August 1938) wurden die Juden verunglimpft, mit Hakennase, als „rassisch minderwertig", hinterhältig, betrügerisch dargestellt. In dem als „Volksstöckelche us dem Levve" angekündigten Stück „Kreppchensmacher", mit dem die Bühne am 31. Juli 1938 in Anwesenheit zahlreicher Honoratioren eröffnet wurde, spielte man die Entstehungsgeschichte der Puppenbühne nach. Als Bösewicht und Halsabschneider, als ausbeuterisch und habgierig agierte eine Puppe, die den jüdischen Pferdehändler Abraham Schmul darstellte; der soll die Gründung des „Hänneschen" fast verhindert haben – eine reichlich konstruierte Story, die aber nahtlos in die politische Wirklichkeit paßte. In „Ne Mörer un ene Ferkelstecher" (1938) wurden alle Fremden als „hergelaufenes Pack", als „Geschmeiss" bezeichnet. In trefflichem Kölsch galten Juden als „Haupspetzebove" („Schandal en d'r Becherjass", 1934), die es zu verprügeln galt („Mister Stiefledder", 1936). Das war im Deutschland der Nationalsozialisten unmißverständlich – draufhauen, totschlagen, immer feste druff...

Doch nicht alle Stücke, so betont der heutige Intendant Heribert Malchers, hatten derartige Tendenzen: „Das Hänneschen-Theater war kein Nazi-Theater, aber auch kein Widerstandsnest." Vom „Hörensagen" weiß Malchers von Sondervorführungen für hochrangige Parteimitglieder, bei denen den Puppenspielern Spickzettel zugesteckt wurden – mit den Namen der Bonzen, die sie lächerlich machen durften: „Köllen Heil! Alaaf!"

Daneben soll es auch regimekritische Äußerungen gegeben haben; waren bei „Hänneschen und Bärbelche em Hexenhuus" (1935) die oppositionellen Töne noch von der Zensur gestrichen worden, wurden in „Bäckermeister Soortätsch", das 1940 als eines der letzten Stücke gespielt wurde, eindeutig doppeldeutig und gut versteckt, Kriegserfolge und Gestapo-Einsätze, Brotrationierung und das Verbot, ausländische Sender zu hören, karikiert und kritisiert. Kurz danach, im Herbst 1940 mußte der Spielbetrieb eingestellt werden.

Ein Jahr zuvor hatte man die „Vertreter urkölschen Humors" in Stein verewigt – auf dem Eisenmarkt war der „Hänneschen"-Brunnen in Betrieb genommen worden. „Nä, nä, wat hät dat lang gedoht, bis dat uns Denkmal fähig gewoden eß!" Wieder erlaubten sich die Spieler des Theaters ungewöhnlich kritische Töne, als „ihr" Brunnen eingeweiht wurde. „Do moot och zoeesch die Genehmigung vum Bauamp un vum Overbauamp, vum Planungsamp un vum Katösteramp sin, dann vum Liejenschaffsamp – un esu wigger!" Gelächter und Beifall der vielen Besucher belohnte das amüsante Stehgreifstück der Puppenspieler, bei dem natürlich das leibhaftige Hänneschen immer am besten wegkam (Selbstironie ist wohl *das* Defizit der Kölner) – wie sein Ebenbild, das hoch über den anderen Typen auf dem Brunnen thronte. „Die originellste Denkmalsweihe, die Köln je gesehen hat", so der „Stadt-Anzeiger", vollzog schließlich NS-Bürgermeister Brandes. Nachdem der Schöpfer des Brunnens, der Bildhauer Lambert Schmitthausen, die Inbetriebnahme mit einem „treukölnischen Alaaf" signalisiert hatte, trat der Speimanes wie das Brüsseler „Männeken-Pis" in Aktion – und die Musik spielte dazu das schmissige Lied: „Viel Glück zum Namenstag!" Vor dem Schlußmarsch der treuen Husaren faßte der Baudezernent die allgemeine Stimmung so zusammen: „Dieser Brunnen soll noch in späten Tagen von kölscher Eigenart und Kunst, von kölschem Humor und Witz künden!"

Der Brunnen wurde im Krieg weitgehend zerstört; beim letzten Bombenangriff am 2. März 1945 wurde auch das Gebäude des Theaters schwer getroffen. 1948 bewarb sich der frühere Schäl-Darsteller Karl Funck um die Stelle des Spielleiters, die er dann bis 1980 innehatte. Er trommelte fast das gesamte Vorkriegs-Ensemble wieder zusammen. Nur die Jüdin Fanny Mayer, die man vor 1938 gezwungen hatte, in antisemitischen Stücken mitzuspielen, war nicht mehr dabei.

Malchers: „Die war verschwunden, keiner hat sich getraut nachzufragen." Und nach dem Neubeginn mit „Meister Nikola" (zwischen 1937 und 1980 zehnmal im Programm) ging es im alten, gewohnten Trott weiter. Auffällig viele Kinderstücke aus den 30er Jahren wurden – natürlich unwesentlich verändert! – in den 50er und 60er Jahren erneut und mehrfach aufgeführt.

Nach 1945 hat man die braune Vergangenheit des „Hänneschen" kurzerhand „ausgeblendet". Erst 1988 stieß der Theaterwissenschaftler Hans-Peter Beyenburg auf die erwähnten Stücke; Beyenburg hatte im Auftag von Spielleiter Malchers alle noch vorhandenen Manuskripte (die auch heute noch auf dem Speicher gelagert werden) gesichtet, dokumentiert und beurteilt. In der Zeitschrift des Theater-Fördervereins „Hinger d'r Britz" durfte er immerhin seine – für das „Hänneschen" nicht gerade schmeichelhaften – Ergebnisse publizieren. Beyenburg bezeichnete das Theater sehr dezidiert als „Handlanger, Gesinnungsgehilfe und Stimmungsmacher des Nationalsozialismus".

Die Frage sei erlaubt: Hat das überhaupt jemand gelesen? Der langjährige Spielleiter Gérard Schmidt bestimmt nicht, denn sonst hätte er das Theater nicht als Insel der Volkskultur geschildert, die sich der braunen Flut tapfer widersetzte. Und in dem ebenfalls vom Förderverein herausgegebenen Buch „Hinger d'r Britz" schilderten die Autoren Stefan Vollberg und Hansherbert Wirtz groß und breit den Umzug und den Festzug des Jahres 1938 – auf die antisemitischen Auslassungen der kölschen Vorzeigebühne geht das Buch dagegen mit keinem Wort ein.

Och wat wor dat fröher schön …

Noch ein „Nachwort" zu unserem Willi Ostermann: Der war zwar 1935 in die Partei eingetreten – aber ein Nazi war er, so wird in Köln glaubhaft versichert, nicht. Als er 1936 starb, wurde er unter großer Anteilnahme der Bevölkerung auf dem Melatenfriedhof beerdigt, Liessem würdigte Ostermann als – natürlich – „großen Sohn der Stadt", am offenen Grab stand auch NS-Prominenz, mit Hakenkreuzbinde und Trauerflor. Und eine Blaskapelle spielte Ostermanns größten Hit „Och wat wor dat fröher schön doch in Colonia" …

Auch Ostermann setzte man 1939, nur wenige Tage nach der Einweihung des „Hänneschen"-Brunnens, ein Denkmal, den „Ostermann-Brunnen" auf dem Ostermann-Platz.

Es war Weiberfastnacht, als sich Tausende von jecken Kölnern in die Altstadt begaben – zur Eröffnung der „tollen Tage", des närrischen Endspurtes. Rheinviertel, Heumarkt und die umliegenden Gassen waren von Menschen verstopft, alle Fenster des Viertel dicht besetzt, noch ehe das offizielle Programm auf dem Ostermannplatz begann. Selbst auf den Dächern der umliegenden Häuser hatten sich Schaulustige versammelt, und so mancher Besucher, der unten in der Menge verkeilt war, mag gedacht haben: „Itz do en Wonnung han!"

„In der ersten Reihe der Ehrentribüne wippten lange Federn von Pfauen und Paradiesvögeln – aber dort saßen nicht Angehörige dieser Tierarten, sondern die Karnevalspräsidenten, bei ihnen der Kölner Oberbürgermeister Dr. Schmidt und Vertreter von Partei, Wehrmacht und Behörden." Mit mutiger Ironie beschrieb der Berichterstatter des „Stadt-Anzeiger" den Auftakt der Veranstaltung, als der Kölner Männerchor und der Chor des Waisenhauses Ostermanns Ohrwurm „Heimweh nach Köln" intonierten. Anschließend gab FKK-Präsident Liessem das Kommando zur Enthüllung des Brunnens,

die von der Menschenmenge mit einem vielstimmigen „Aah!"
begleitet wurde; irgendwelche Funken gaben Böllerschüsse ab
– ein Spaßvogel von der Galerie rief: „Luftschutz!" Liessem,
von dem die Initiative zur Errichtung des Denkmals ausge-
gangen war, hielt auch die Festrede. Spenden aus der Bevölkerung, die Einnahmen aus Liessems Ostermann-Biographie,
die Tantiemen der „Heimweh"-Schallplatte und nicht zuletzt,
wie der Präsident tief bewegt betonte, „ein tiefer Griff des
Oberbürgermeisters in den Beutel" hätten den Brunnen fi-
nanziert.

Gestaltet vom Bildhauer Willi Klein, standen die bekanntesten
Typen aus Ostermanns Liedern, et Billa, de Tant, Kölsche
Mädcher und der Funkensoldat, im Mittelpunkt des Brunnens.
Die Beliebtheit, der sich der Barde in Köln erfreut hatte, über-
trug sich auf sein Denkmal: Der Ostermann-Brunnen wurde
schnell ein stark frequentierter Treffpunkt in der Altstadt, wo
man schon mal still und heimlich zu knutschen anfing.

Nicht lange jedoch: Im September 1939 brach bekanntlich
der Krieg aus – den hat das wuchtige Monument, im Gegen-
satz zum Hänneschen-Brunnen, fast unbeschädigt überstan-
den; so wie die Popularität Ostermanns ungebrochen ist.

Im Sommer 1970 gab es indessen noch einmal Ärger um den
Brunnen – als die Pläne zur Umgestaltung des gesamten Plat-
zes bekannt wurden. Karnevalisten und Volkstümler störte
weniger das Konzept des Architekten und Künstlers Jürgen
Hanns Grümmer als – auf gut kölsch – die „Fott vun dem
Päd". Grümmer wollte nämlich das Hinterteil des königlichen
Rosses vom ramponierten Friedrich-Wilhelm-Denkmal (dessen Reste er vor dem Einschmelzen bewahrt hatte) in die Nähe
des Brunnens stellen. Eine geniale Idee – die auch dem politischen Horizont des Sängers durchaus entsprochen hätte!

Das aber ging den Narren um den unverwüstlichen Thomas
Liessem, wie schon erwähnt, inzwischen Ehrenpräsident des
Festkomitees, doch zu weit: Die Fott könnte ja dem Oster-

mann Willi die Schau stehlen, so befürchtete man. Auch der Spaß an der Freud hat bekanntlich seine Grenzen – oder in anderen Worten: „Es gibt nichts ernsteres als den Karneval!" wie es in Köln hinter vorgehaltener Hand heißt. Das Projekt wurde fallengelassen.

„Die haben mir meine Idee glatt weggelächelt", meinte Grümmer später. Immerhin wurde der Brunnen ansonsten nach seinen Plänen umgebaut: Er bekam eine vergrößerte Einfassung, auf der man sitzen, laufen und spielen kann, das Wasserbecken lädt im Sommer Kinder zum Planschen ein. Nicht eingeladen wurde dagegen Gestalter Grümmer, als der Brunnen pünktlich zum Elften im Elften 1974 seine zweite karnevalistische Weihe erhielt. 1997 hat man den ursprünglichen Zustand in monatelanger Restaurierung wiederhergestellt. Und so kündet der Ostermann-Brunnen in der Tat – und auch heute noch – von kölscher Eigenart. Oder, wie es im „Ääzeleed" („Erbsenlied") des in Schlesien geborenen Zahnarztes Fritz Gühmann heißt: „Ääze, Ääze, Bunne, Linse – jo dat sin se…"

„Unsere gute Polizei"

Am Elften im Elften 1938, als die Jecken frohgemut die Sessionseröffnung feierten, fürchteten in Ehrenfeld Hunderte von Kölnern noch immer um ihr Leben. In der Pogromnacht des 9. November, der sogenannten „Reichskristallnacht", waren verletzte Juden aus Köln und aus der Umgebung in das 1908 errichtete „Israelitische Hospital für Kranke und Altersschwache" in der Ottostraße geflüchtet, das in Köln unter dem Namen „Jüddespidohl" über einen guten Ruf verfügte. In dieser Nacht blieb das Asyl, das ansonsten sehr unter den Repressalien der Nazis litt, unbehelligt. „Wir wußten nicht, wie wir alle Verletzten unterbringen sollten, die im Laufe der Nacht und am nächsten Morgen bei uns Zuflucht suchten", erinnerte sich später Dr. Trude Schiff, die damals als „Krankenbehandlerin" (so der von den Nazis kreierte Titel der jüdischen Ärzte) im Asyl arbeitete. Sie vermutete, daß das Krankenhaus aufgrund der Fürsprache eines hohen SS-Mannes verschont wurde, dessen Sohn dort operiert worden war. Angeblich sei dieser Mann zum Polizeipräsidenten gegangen und habe verlangt, daß im Asyl nichts passieren dürfe. „Es ist auch nichts passiert – unsere gute Polizei von Ehrenfeld ist die ganze Zeit um den Block gegangen, so daß kein Nazi hereinkam."

Zufrieden mit der Arbeit Kölner Polizisten waren indessen auch die Behörden. „Der Wachtmeister Karl Heierhoff hat sich während des Einsatzes im Generalgouvernement und im Kampf gegen Judentum und Bolschewismus bestens bewährt", ließ die Kölner Polizeiführung mit Feldpostnummer 00093 am 2. November 1943 wissen. Der Beamte, der sich freiwillig zum Polizei-Bataillon 309 gemeldet hatte, habe Hervorragendes geleistet beim Kampf gegen „versprengte Feindgruppen", bei der Doppelschlacht von Bialystok und Minsk, bei „Verfolgungskämpfen oder der Vernichtung eines russischen Kavallerie-Korps". Der Revier-Wachtmeister der Schutzpolizei, der „im Dienst sehr gewissenhaft und fleißig" sei, erhielt am 4. November 1943 das Kriegsverdienstkreuz 2. Klasse mit Schwertern und wurde zum Oberwachtmeister befördert.

Karl H. war nicht der einzige Kölner Polizist, der sich bei der Bekämpfung von „Bolschewismus und Judentum" hervorgetan hat. Seit den Studien des amerikanischen Historikers Christopher Browning (die in Deutschland bereits 1993 unter dem Titel „Ganz normale Männer" erschienen) ist bekannt, daß Einheiten der Polizei an den Massenmorden hinter den deutschen Linien in weit größerem Ausmaß beteiligt waren, als bisher angenommen. Brownings Darstellung wurde indessen kaum wahrgenommen – um so mehr Daniel Goldhagens

Buch „Hitlers willige Vollstrecker", das sich in wesentlichen Passagen auf Brownings Studien und Quellenmaterial stützt. Vor geraumer Zeit hatte die Kölner Polizei ihre Archive Historikern des NS-Dokumentationszentrums zugänglich gemacht – und die Beamten am Waidmarkt sahen sich plötzlich mit der Tatsache konfrontiert, daß gleich mehrere dieser Polizei-Einheiten aus Köln stammten, daß letztlich Hunderte ihrer früheren Kollegen in die NS-Verbrechen in Polen und Rußland verstrickt gewesen sein müssen.

In einer kleinen Schrift („Polizei im Einsatz während des Krieges in NRW") hatte bereits 1957 ein ehemaliger Oberstleutnant der Ordnungspolizei die Bildung und die Aufgaben der Polizei-Reserve-Bataillone, darunter der Bataillone 62, 66 und 69, die in Köln aufgestellt wurden, und der Polizei-Bataillone, darunter des Bataillons 309 aus Köln, folgendermaßen beschrieben: „Weit über den Aufgabenbereich der Schutzpolizei in der Heimat hinausgehend, erwuchsen der Polizei im Einsatz innerhalb der von der Wehrmacht besetzten Gebiete zur Sicherung der rückwärtigen Verbindungen und in der Gewährleistung der Erhaltung und Befriedung des zivilen Lebens in diesen Ländern umfangreiche und verantwortungsvolle Aufgaben."

Eine Reihe dieser „Befriedungsaktionen" sind durch Aussagen von Augenzeugen festgehalten, etwa das Massaker an mehr als 700 ostpolnischen Juden im russisch besetzten Bialystok; etwa 150 Angehörige des Polizei-Bataillons 309 hatten am 27. Juni 1941, dem Befehl ihres Kommandeurs Ernst Weiss folgend, jüdische Männer, Frauen und Kinder in die Synagoge der Stadt getrieben, das Gotteshaus anschließend in Brand gesteckt und alle, die – teilweise als menschliche Fackeln – zu fliehen versuchten, niedergeschossen. Über die Massenexekutionen, die die Polizisten nach Beginn des Krieges in der Sowjetunion durchzuführen hatten (bei Goldhagen wird zudem eine Polizeireservekompanie Köln genannt, die im

August 1942 an der Ermordung von etwa 20 000 Juden in Kielce beteiligt gewesen sein soll), berichtete später ein „Ordnungshüter" des Bataillons 101: „Es wurde so gehandhabt, daß den Müttern erklärt wurde, sie hätten das Kleinkind neben sich zu legen und festzuhalten, daß die Erschießung ohne Schwierigkeiten vor sich gehen konnte." Ein weiterer Polizist betonte: „Ich muß vor allen Dingen mit aller Entschiedenheit sagen, daß sich für die Exekutionen sogar zu viele Freiwillige gemeldet haben, so daß einige zurückgestellt werden mußten." „Neben mir war der Wachtmeister K. Er hatte einen kleinen Jungen von vielleicht zwölf Jahren zu erschießen. Uns war ausdrücklich gesagt worden, daß wir den Gewehrlauf ca. 20 Zentimeter vom Kopf entfernt halten sollten. Das hat K. offensichtlich nicht getan, denn beim Verlassen der Exekutionsstelle lachten die anderen Kameraden über mich, weil von dem Gehirn des Kindes Teile an den Griff meines Seitengewehrs geschleudert waren und haftenblieben."

Ein ehemaliger Generalleutnant der Ordnungspolizei, Heinrich Lankau, würdigte den Einsatz dieser tapferen Männer später so: „Ihrer aller, die nach Kriegsende schlicht, bescheiden und unbedankt, oft über die Kriegsgefangenschaft, zurückkehrten und teilweise in ihren Zivilberuf zurückgingen, sei hier als unserer einstigen Kameraden besonders gedankt."

Viele brauchten nicht in ihre Zivilberufe zurückgehen – sie wurden, wie in Köln geschehen, wieder in die Polizei aufgenommen, so etwa ein späterer Kriminalobermeister, der 1967 in einem Wuppertaler Prozeß als Zeuge auftrat – er war in Bialystok als Spieß der 1. Kompanie des 309 dabeigewesen. Die Frage, was er im Umkreis der Synagoge gesehen habe, beantwortete er so: „Nichts!"

Gerade die Kölner Polizei hatte sich im übrigen schon unmittelbar nach der Machtergreifung Hitlers in den Dienst der braunen Herren gestellt – schon am 19. Februar 1933 marschierten Schutzpolizisten mit einer Hakenkreuzfahne durch Köln. Mit dem sogenannten „Preußenschlag" (im Juni 1932 hatte Reichskanzler von Papen die nicht mehrheitsfähige, sozialdemokratisch geführte Regierung in Preußen abgesetzt und sich selbst zum Reichskommissar ernannt) war der Kölner Polizeipräsident Otto Bauknecht (SPD) entlassen worden, an seine Stelle trat der als konservativ geltende Walter Lingens, der das Amt bis 1935 ausüben sollte. Lingens Amtsführung in den Tagen, als die Nazis in Köln die Macht übernahmen, schilderte später der SPD-Reichstagsabgeordnete Wilhelm Sollmann, der bereits am 9. März von Kölner SS- und SA-Leuten festgenommen und gefoltert worden war; schließlich brachte man Sollmann vom „Braunen Haus" in der Mozartstraße ins Polizeipräsidium: „Dann trat der Polizeipräsident ein, ein korrekter und loyaler Beamter, der zweifellos für uns tat, was er tun konnte – das nächstliegende aber, die Verbrecher verhaften zu lassen, tat er nicht. Das ging über seine Macht. So hatten wir den Zustand, daß eine Horde von Verbrechern ihre Opfer ins Präsidium lieferten und dann unbehelligt davongingen."

Hatten Kölner Polizisten in den ersten Jahren des NS-Staates den Übergriffen von SS und SA gegen Sozialdemokraten, Kommunisten und Juden lediglich tatenlos zugesehen, so wurden sie später Mittäter des Unrechtssystems, etwa bei der Erfassung und Deportation der im Kölner Raum lebenden Sinti und Roma. Adam Reinhardt etwa, ein Sinto, war gerade drei Tage auf der Welt, da hatte die Kripo schon eine Akte über ihn angelegt. Der Säugling, ein klarer Fall von „Zigeuner-Mischling" wurde in die besetzten polnischen Gebiete deportiert. Der Sechsjährige Hugo und seine Schwester Gertrud, die im Kinderheim Köln-Sülz lebten, wurden nach Auschwitz gebracht, als ihre Eltern bereits in andere KZs verschleppt worden waren. Denn nun bestünde „kein Interesse ... diese Zigeunerkinder weiterhin in deutschblütiger Umgebung im Waisenhaus zu belassen", schrieb die Kripo. Maria S. durfte ihren „Zigeuner-Mann", mit dem sie vier Kinder hatte, nicht mehr sehen. Doch auch nach der Zwangstrennung bespitzelte die Polizei das Paar – und erwischte es in einem Wohnwagen. „Ihr asoziales Verhalten dürfte die Voraussetzung für die Einweisung in ein Konzentrationslager erfüllen", protokollierte ein Beamter.

Auch im Einsatz gegen „asoziales Gesindel" zeichneten sich Kölner Beamte mit großem Diensteifer aus. Die 21jährige Anna S., die kurz zuvor als „eine Person registriert wurde, die der gewerbsmäßigen Unzucht nachgeht", wurde im November 1941 in einer von der Polizei geschlossenen Pension in der Ursulastraße erwischt. „Bei der heutigen Kontrolle zeigte sich die S. sehr widerspenstig und konnte erst nach längeren Bemühungen zum Aufstehen und Mitgehen bewogen werden. Es dürfte angebracht sein, Maßnahmen einzuleiten", hieß es im Protokoll. Noch am gleichen Tag wurde sie „wegen Übertretung der ihr als Sittendirne erteilten Auflagen als Asoziale" eingestuft. Immer wieder wurde Anna S. überprüft – schließlich waren die Beamten erfolgreich: „Bei der in der Nacht zum 10. 1. 1942 um 0.15 Uhr durchgeführten Kontrolle wurde S. nicht angetroffen", notierte ein Kripo-Mann. Wenige Tage später wurde die Gesuchte, die wegen Schwangerschaftsbeschwerden in einer Klinik war und dort einem Hausmädchen Schuhe und Strümpfe gestohlen hatte, festgenommen. Da sie die Auflagen „böswillig" übertreten habe, und ihr „widerspenstiges Benehmen keine Gewähr für künftiges Wohlverhalten" biete, wurde Anna S. ins KZ Ravensbrück überführt. Von dort kam am 5. Januar 1945 ein Telegramm, das die Kölner Polizei sauber abheftete: Die Frau sei verstorben, dem zweijährigen Sohn sei mitzuteilen, daß „eine Besichtigung der Leiche auf Anordnung des Lagerarztes nicht möglich ist".

In der Endphase des Krieges hatte die Gestapo in Zusammenarbeit mit Kölner Polizisten, darunter dem berüchtigten Kriminalinspektor Kütter (nach ihm wurde das Sondergefängnis in Brauweiler „Kütter" genannt) noch einmal eine Orgie der Gewalt gegen Fremd- und Ostarbeiter, Jugendbanden wie die „Edelweißpiraten" und gegen alle – auch vermeintliche – Gegner des Regimes inszeniert. Indessen blieben sie nach 1945 in der Regel unbehelligt ; wie die Kollegen, die im Osten gewütet hatten, traten sie ihren Dienst wieder an.

Bei der Polizei wiederholte sich, was in der Stadtverwaltung relativ offen praktiziert wurde: „Ohne Fachleute geht es nicht", hatte der wiedereingesetzte Oberbürgermeister Adenauer den Amerikanern gesagt – die meisten Verwaltungsfachleute waren halt 1933 in die NSDAP eingetreten.

Und so machten denn mehr und mehr ehemalige Polizisten, die in den besetzten Gebieten Dienst getan hatten, aber auch SS-Angehörige, darunter mindestens neun Hauptsturm- oder Stumbannführer, Karriere in der Kölner Polizei. „Köln – *das* Dorado für ehemalige SS-Führer", wetterte in den 50er Jahren ein Mitglied der KPD.

Nur in Einzelfällen wurden Polizeibeamte für ihre Taten zur Verantwortung gezogen – wenn die Beweislast erdrückend war. Winrich Granitzka, leitender Polizeidirektor in Köln, erinnert sich daran, wie 1962 einer seiner Ausbilder während des Unterrichts verhaftet wurde: „Der Mann war Lehrer für Staatsbürgerkunde. In glühenden Farben hatte er uns zuvor die Vorteile der Demokratie geschildert und die Greueltaten der Nazis angeprangert. Aber er war einer derjenigen, die in Bialystok Handgranaten in die Synagoge geschleudert hatten."

Kriminalobermeisterin Ingeborg K. wurde am 20. November 1959 vorläufig festgenommen und vom Dienst suspendiert. „Ich war als Aufseherin im KZ", soll sie laut Akte einer Kollegin gesagt haben. Zunächst sei sie in Ravensbrück gewesen und dann in Auschwitz. Dort hätte sie weiblichen Häftlingen Gift unters Essen gemischt – Vorwürfe, die sie später bestritt. „Es fehlt von meinem Eigentum ein Lineal – 50 cm lang, beidseitig für Tusche und Blei benutzbar", ließ sie protokollieren, als sie nach der Entlassung am 24. Juni 1960 ihre persönliche Habe abholte.

Wie die Polizei ansonsten mit ihrer Vergangenheit umging, zeigte noch vor einigen Jahren die sogenannte „Bilder-Affäre" im Polizeipräsidium. Erst 1994 ließ der langjährige Polizeipräsident Jürgen Hosse die Portraits seiner beiden NS-Vorgänger Walter Lingens und Walter Friedrich Hövel im Sitzungssaal mit einer „Kommentierung" versehen. Die inzwischen entdeckten Akten vergammelten derweil ungeordnet im Keller des Präsidiums.

Eine Arbeitsgruppe des NS-Dokumentationszentrums der Stadt Köln ist seit einiger Zeit dabei, die Aktenbestände zu erfassen und aufzuarbeiten. Polizeipräsident Jürgen Roters, der den Historikern die Akten öffnete, hatte angekündigt, sauberen Tisch zu machen – „gerade jüngere Beamte müssen begreifen, wie eine Behörde wie die unsrige instrumentalisiert werden kann." Wer Uniform trage, dürfe seine individuelle Verantwortung nicht an der Garderobe abgeben; „Polizisten müssen zu Befehlen auch nein sagen können." Die Rolle der Polizei als Verfolgungsbehörde sei viel zu lange unterschätzt worden.

Ein Fortbildungsleiter der Kölner Polizei ging in dieser Beurteilung einen Schritt weiter; als auf einer Informationsveranstaltung der Polizei erstmals Informationen über die „Tätigkeit" der Kölner Polizei-Bataillone publik wurden, lautete sein persönliches Resümee: „Man muß sich das einmal vor Augen halten – wir haben als junge Polizisten im Streifenwagen neben Kollegen gesessen, die möglicherweise Massenmörder waren."

„Die Rübe muß herunter!"

Eine alte Volksweisheit besagt: „Dummheit schützt vor Strafe nicht." Im Verlauf des Krieges wurde dieser Satz vor allem an der „Heimatfront" auf schrecklichste Weise bestätigt; wer so „dumm" war und sich, um ein Beispiel zu nennen, beim Diebstahl einer Packung „kriegswichtiger" Zigaretten erwischen ließ – der mußte mit der Todesstrafe rechnen.

Sommer 1943, Verhandlungspause in einem Sitzungssaal des Kölner Landgerichts: Der Präsident des Gerichtes hat sich persönlich herbemüht – und kann seine Erregung nicht verbergen: „Die Rübe muß herunter, die Rübe muß herunter, der Gauleiter erwartet es", ruft er in Richtung der Beisitzer der Sondergerichtskammer IV. Gegen zwölf Personen, darunter einen Juden, wird wegen „Kriegswirtschaftsverbrechen" verhandelt. Stoffe und Strümpfe sollen die Beschuldigten verschoben haben. Als einer der Beisitzer anmerkt, das Gericht entscheide unabhängig nach dem Ergebnis der Hauptverhandlung, stürmt LG-Präsident Walter Müller an den Richtertisch: „Ich hoffe, daß bei dieser Sache mindestens ein Viertel Dutzend Rüben herunter gehen." Der Richter antwortet: „Herr Präsident, es handelt sich hier nicht um Rüben, sondern um Menschen." Schließlich verurteilt das Sondergericht „nur" einen der Hauptangeklagten zum Tode, den zweiten zu einer Zuchthausstrafe.

Deutsche Richter und Staatsanwälte in der NS-Zeit – auch ein Thema, das über lange Jahre hinweg nicht zur Sprache kam; in der Nachkriegszeit gab es natürlich nur wenige, überdies zaghafte Versuche, die Verstrickung von Justizangehörigen in das Unrechtssystem der Nazis aufzuarbeiten und publik zu machen. Wie aber noch in den 70er Jahren die Mehrheit der Beteiligten die Vergangenheit „bewältigte", wird am ehesten durch den oft zitierten Ausspruch des ehemaligen Marinerichters und baden-württembergischen Ministerpräsidenten Filbinger belegt: „Was damals Recht war, kann heute kein Unrecht sein."

Nach 1945 hatten sich Richter und Staatsanwälte sehr wohl Entnazifizierungsverfahren zu stellen. Dennoch gelang es den meisten belasteten Juristen, wieder in den Justizdienst übernommen zu werden – Resultat vor allem der Konzeptlosigkeit der Siegermächte; die Alliierten hatten keine abschließenden Pläne, wie mit dem Heer der Mitläufer und Ja-Sager umgegangen werden sollte.

Unsystematische Entnazifizierungskategorien führten dazu, daß bei der „Wiederverwendung" von Juristen unterschiedliche Maßstäbe angelegt wurden. „Im Januar 1951", so stellte Hans-Ulrich Thamer in einer Studie (im Rahmen des Forschungsprojektes „Die nordrhein-westfälische Justiz und ihr Umgang mit der nationalsozialistischen Vergangenheit") am Beispiel des OLG Hamm fest, „waren 87 Prozent der Hammer Richter ehemalige Mitglieder der NSDAP – das war exakt das Verhältnis, das im Mai 1945 bestanden hatte."

In Köln kann man von ähnlichen Zahlen ausgehen. Zum letztendlichen Scheitern der Entnazifizierung trug auch hierzulande eine „fatale" Solidargemeinschaft bei. Thamer hat das in einem sehr langen, aber sehr schönen Satz beschrieben: „Die Minderbelasteten und Mitläufer verbündeten sich und fanden Verständnis bei den Entlasteten, oder anders gesagt: diejenigen, die schweigen mußten, verbündeten sich mit denjenigen, die schweigen wollten, und fanden Verständnis bei denjenigen, die schwiegen, weil sie bis 1945 auch geschwiegen hatten." Ein Satz, der nicht nur für Juristen gilt...

Und die NRW-Landesregierung spielte seit den 50er Jahre munter mit: Ganz offiziell erging aus dem Justizministerium in Düsseldorf die Anweisung, Unterlagen über die Entnazifizierung aus den Personalakten der Richter herauszunehmen und in Panzerschränken zu verwahren. Dies erklärt die oft erstaunlichen Nachkriegskarrieren belasteter Richter...

Im NRW-Hauptstaatsarchiv in Düsseldorf liegen 19 056 Akten des Sondergerichts Köln, bei dem zeitweilig vier Spruchkammern angesiedelt waren. Hier wurden insbesondere die „Heimtücke-Verfahren" verhandelt, in denen etwa regimekritische Äußerungen geahndet wurden. Aber auch vor den allgemeinen Kammern des Amts- und Landgericht hat es politische Verfahren gegeben, etwa wegen der Vorwürfe „staatsfeindlicher Betätigung" und „Kanzelmißbrauch".

Mit überraschender Schnelligkeit hatte sich die Kölner Justiz nach der Machtergreifung selbst „gleichgeschaltet": Als im Anschluß an das Ermächtigungsgesetz vom 24. März 1933 jüdische Richter aus dem Dienst entfernt werden sollten, gingen die Verantwortlichen des OLG Köln besonders fix vor – man wartete nicht einmal bis zur Verabschiedung des „Berufsbeamtengesetzes" im April 1933, das die formale Grundlage für die Beurlaubung „nicht-arischer" Richter bildete. Am 4. April meldete Präsident Vollmer den Vollzug – die vier jüdischen OLG-Richter waren nicht mehr im Dienst.

Schon am 1. April war es zu Gewaltaktionen gegen jüdische Juristen gekommen. SA- und SS-Trupps stürmten in das Justizgebäude am Reichenspergerplatz, unterbrachen Gerichtsverhandlungen und trieben jüdische Richter und Rechtsanwälte auf die Ladefläche eines städtischen Müllwagens, um sie zum Polizeipräsidium zu bringen. Der damalige Landgerichtspräsident Dr. Alfred Kuttenkeuler hat diesen Übergriff als „die schlimmste Tragödie" seines Lebens bezeichnet – er ließ sich deshalb vorzeitig pensionieren. Sein Nachfolger wurde Walter Müller, ein überzeugter Nationalsozialist. OLG-Präsident Alexander Bergmann hat später – in einer dienstlichen Beurteilung vom 4. April 1943 – ausgeführt, Müller sei „in richterlicher Tätigkeit nur als eine Durchschnittskraft" bewertet worden; der Partei sei er aber „rückhaltlos ergeben und zu jedem Einsatz für die Ziele der Bewegung bereit".

Wie viele Richter des Kölner OLG-Bezirks Mitglieder der NSDAP waren, ist bisher nicht ermittelt worden. Genauere Zahlen liegen nur aus dem Landgerichtsbezirk Köln für das Jahr 1936 vor: Von 83 Richtern waren 65 Parteimitglieder – das sind 78 Prozent...
Die schon erwähnten Sondergerichte, die den Landgerichten zugeordnet waren, wurden nach und nach mit erweiterten Zuständigkeitsbereichen ausgestattet. In den Verfahren vor diesen Kammern gab es keine rechtsstaatlichen Garantien mehr – dem Angeschuldigten brauchte nicht einmal die Anklageschrift zugestellt zu werden. Die Urteile wurden sofort rechtskräftig, der Verurteilte konnte keine Rechtsmittel einlegen; und auch das Strafmaß sprengte in vielen Fällen jeden rechtsstaatlichen Rahmen.

Bis 1945 sind von Kölner Gerichten 123 Todesurteile gefällt worden, davon etwa 110 in sondergerichtlichen Verfahren. Ein jüdischer Barkeeper beispielsweise wurde hingerichtet, weil er als „rassenschänderischer Volksschädling" zu mehreren „arischen Frauen", zumeist Prostituierten, sexuelle Beziehungen unterhalten hatte; ein 22jähriger Deutscher mußte sterben, weil er nach einem Luftangriff ein Paar Schuhe sowie 130 Zigaretten aus brennenden Geschäften geholt hatte. Die Näherin Paula Wöhler hatte nach dem „1000-Bomber"-Angriff im Mai 1943 einen Koffer und Kleidungsstücke aus einem brennenden Haus mitgenommen. Wegen Plünderns wurde sie zum Tode verurteilt, das Urteil vom 2. Juni wurde sofort vollstreckt – die Hinrichtung ließ die Justiz auf großen Plakaten bekanntmachen.

Nach 1945 wurde letztlich kein einziger Kölner Richter zur Verantwortung gezogen – was schon der ehemalige OLG-Präsident Dieter Laum in einem Aufsatz (in der Festschrift zum 175jährigen Bestehens des OLG) eingeräumt hat. Lediglich gegen den eingangs erwähnten Landgerichtspräsidenten Müller wurde ein Strafverfahren in Gang gebracht. Die Vorwürfe lauteten: Er habe versucht, Sondergerichte zu beeinflussen, und er habe Richter, die seiner Meinung nach zu milde geurteilt hatten, durch massive Kritik unter Druck gesetzt.
Der Prozeß zog sich über Jahre hin und beschäftigte fünf deutsche Gerichte. Zunächst wurde Müller am 13. März 1950 vom Bonner Schwurgericht wegen seines Verhaltens in der Kriegswirtschaftsverbrechenssache („die Rübe muß herunter") zu einem – durch eine Internierungshaft bereits verbüßten – Jahr Zuchthaus verurteilt. Die massive Kritik des ehemaligen Präsidenten an „zu laschen" Urteilen wurde nicht beanstandet – diese sei „jeweils nach Urteilserlaß erfolgt, hätte also keinen Einfluß auf konkrete richterliche Entscheidungen" gehabt, hieß es.
Müller legte Revision ein – am 16. Dezember 1952 hob der Bundesgerichtshof das Urteil auf. Wegen eines Formfehlers (bei der Richterbestellung) mußte die Sache erneut in Bonn verhandelt werden. Diesmal gingen die Verantwortlichen großzügiger mit Walter Müller um. Im rechtskräftigen Urteil vom 17. Juni 1953 wurde er freigesprochen. Dem Ex-Präsidenten sei nicht nachzuweisen, daß er seine Sonderrichter vorsätzlich zu einer rechtswidrigen Entscheidung verleiten wollte, hieß es. Zum Schluß der Urteilsbegründung scheuten sich die Richter nicht, Flagge zu zeigen. In Sorge um das Wohlergehen ihres Ex-Kollegen führten sie sogar dessen Intelligenzdefizite

als strafmindernd an. Wörtlich hieß es: „Wenn der Angeklagte in entscheidendem Maße wegen einer seinem Bildungsstand und erst recht seinem Amt als Richter widersprechenden völligen politischen Urteilslosigkeit und Verblendung für seine Aufgabe in der NS-Zeit wenig geeignet war, und er ferner in schwerwiegender Weise – auch bewußt – in die richterliche Unabhängigkeit eingegriffen hat, so kann es nicht als erwiesen angesehen werden, daß der Angeklagte sich auch kriminell vergangen hat."

In diesem Fall schützte Dummheit also doch vor Strafe.

Die „Domplombe": eine Fallstudie

Am 3. November 1943, kurz nach 19 Uhr, schlägt eine Fliegerbombe in den Nordturm-Pfeiler des Doms ein; in der gleichgeschalteten Presse wird am nächsten Tag die „Schändung des Kölner Doms durch britische Terrorbomber" angeprangert. Am frühen Morgen des 4. Novembers räumen Pioniere den Schutt weg und verladen ihn auf Lastwagen. Gegen 15 Uhr ist die Aktion beendet. Bis in die ersten Tage des Jahres 1944 wird zur Sicherung des Strebepfeilers die sogenannte „Domplombe" gesetzt, die Lücke mit einfachen Ziegelsteinen geschlossen, die den Nordturm vor dem Einsturz bewahren.

Mehr als 30 Jahre später, im März 1976, erzählt der pensionierte Oberstudiendirektor Dr. Paul Börger dem „Kölner Stadt-Anzeiger", er sei an der Schließung der Lücke im Nordturm maßgeblich beteiligt gewesen. Der Dombauverwaltung schreibt Börger wenige Tage später, er besitze ein „Dokument des Herrn Dombaumeisters Weyres" vom 20. Januar 1947, in dem dieser seinen – Börgers – Anteil an den Sicherungsarbeiten gewürdigt habe. Börger bringt der Dombauverwaltung das Dokument in vollem Wortlaut zur Kenntnis: „Herrn Pfarrer Dr. Börger, Düsseldorf, bescheinige ich, daß er als Kommandeur des Pionier-Ausbildungs-Bataillons 253 in Köln-Westhoven im Jahre 1943 Baukräfte zur Verfügung stellte, um die durch schwere Bombentreffer am Nordturm des Kölner Domes entstandene Gefahrenstelle zu untermauern. Herr Dr. Börger tat dies entgegen den Anordnungen des stellvertreten-

Mahnmal oder Schandfleck? Die „Domplombe" (Bild aus d. 50er Jahren)

den Generalkommandos auf eigenes Risiko und hat damit ganz entscheidend zur Abwendung einer Einsturzgefahr an dieser Stelle beigetragen. Seine hilfsbereite Handlungsweise allein hat die dringend erforderlichen Notmaßnahmen ermöglicht, da es damals unmöglich war, von irgendeiner anderen Dienststelle die notwendigen Arbeitskräfte zu bekommen. Gez. Dipl. Ing. Weyres".

In dem Schreiben betont Börger noch einmal ausdrücklich, er sei von Weyres „dringend um Hilfe gebeten worden".

In der Folgezeit wird Börger auch in der überörtlichen Presse als „der Retter des Domes"gefeiert; die Geschichte ist ja auch sehr schön – ein Major der Pioniere, der im Zivilleben auch evangelischer (!) Pfarrer war, erhält einen Notruf vom Dombaumeister; nach einem Bombentreffer bestehe Einsturzgefahr, in Köln gäbe es keine Handwerker, die den Schaden reparieren könnten. Börgers Vorgesetzte beim Generalkommando verbieten aber jeden Einsatz der Pioniere am Dom. Reserveoffizier Börger, Gymnasiallehrer und ordinierter Theologe, setzt sich über diesen Befehl hinweg – unter Leitung des Statikers Wilhelm Schorn setzen ausgesuchte Leute seiner Einheit, ein Architekt, Maurer und Hilfskräfte dem Dom eine „Plombe" aus Tausenden von Ziegelsteinen ein, die der Dombaumeister und einige Pioniere „organisiert" haben. Wenn es nach den Nazis gegangen wäre, so prägt es sich in Köln ein, wäre der Dom eingestürzt (zumindest der Nordturm).

Und so wurde die Geschichte der „Domplombe" allmählich zum Allgemeingut – Dombauverwaltung und Domkapitel waren sich lange Jahre darin einig, das Ziegelsteinwerk am Gebäude bestehen zu lassen. Viele, vor allem ältere Kölner zeigten Gästen gern jenes Provisorium, genannt „Domplombe", das ihnen ans Herz gewachsen war – als „inoffizielles" Mahnmal, das an den Krieg erinnerte. Nicht ohne Stolz wurde Besuchern erklärt, daß das geflickte Mauerwerk, das natürlich in der Natursteinlandschaft der Kathedrale auffiel, auch kölnische Improvisationskunst symbolisiere – und nicht zuletzt die Zivilcourage eines Offiziers belege, der sich über die Befehle seiner Vorgesetzten hinweggesetzt habe. Als Börger 1985 starb, wurde in Nachrufen nochmals betont, er sei der Öffentlichkeit als *der* Mann bekannt geworden, der den Dom vor dem Einsturz bewahrte.

Im Januar 1996 wurde dann bekannt, das Domkapitel habe bereits im September 1995 bei den Denkmalbehörden den Antrag gestellt, die „Domplombe" durch Naturstein zu ersetzen. Am 20. März 1996 stimmte die Stadt Köln als Untere Denkmalbehörde, „nach Vorbereitung durch den Stadtkonservator", wie es in einer Pressemitteilung hieß, dem Antrag zu. Ausschlaggebend für die positive Entscheidung sei auch die zeitliche Präzisierung der geplanten Maßnahme gewesen, die das Domkapitel vorgelegt habe und die der Stadt „während des Abwägungsprozesses" die Entscheidung erleichtert habe. Der Zeitplan sah vor, bis 1998 lediglich den unteren Teil der Ziegelplonbe zu ersetzen, der „Rückbau" der oberen zehn Meter werde frühestens im Jahre 2008 beginnen können, wenn die Bearbeitung der benötigten Natursteine voraussichtlich abgeschlossen sei. „Damit ist deutlich, daß der überwiegende Teil der Ziegelplombe noch viele Jahre am Dom und im Stadtbild wahrnehmbar und wirksam bleibt", hieß es, wie zur Beruhigung, abschließend.

Inzwischen war in Köln nämlich in teilweise heftigen Diskussionen um Erhalt oder Beseitigung der „Plombe" gestritten worden – viele derjenigen, die sich für den Erhalt aussprachen (darunter auch der Autor dieser Zeilen), argumentierten u. a. mit Börgers wundersamer Rettungstat; die Plombe sei ein authentisches Erinnerungsmal und könne als Zeugnis für die

Schrecken des Krieges und menschlicher Unvollkommenheit dienen.

In diese Diskussionen kam jedoch noch im März 1996 Bewegung – das Dombauarchiv machte der Öffentlichkeit einige Dokumente zugänglich, die Zweifel an der Rolle Börgers bei der „Rettung" des Domes aufkommen ließen. Vor allem wurde aus den Akten eines deutlich – Börgers Pioniere hatten die eigentlichen Bauarbeiten nicht durchgeführt. Bereits am 5. November 1943 erteilte der damalige Dombaumeister Güldenpfennig (Willy Weyres bekleidete dieses Amt erst seit 1944) der Arbeitsgemeinschaft der Baufirmen Wildermann und Schorn den Auftrag zur „Sicherung des bei dem Fliegerangriff angeschlagenen Turmstrebepfeilers"; am 3. März 1944 reichte Wildermann bei der Dombauverwaltung eine Rechnung über „Beseitigung von Fliegerschäden am Kölner Dom" ein, zudem liegen sogenannte „Leistungsnachweise" vor, auf denen die am Dom beschäftigten Mitarbeiter, Poliere, Einschäler und Maurer, Tag für Tag aufgeführt sind.

Sicher war indessen, daß die Westhovener Pioniere an den Aufräumungsarbeiten beteiligt waren. „Am Tag nach dem Angriff kamen 100 Pioniere, die die Trümmer an der Westseite und auch im Inneren des Domes wegräumten", schrieb Domvikar Wilhelm Kleff bereits 1948 im „Domblatt" – ohne Börger namentlich zu nennen. Aus einer Gesprächsnotiz vom 5. November 1943 geht zudem hervor, daß sich NS-Bürgermeister Brandes mit der Bereitstellung zusätzlicher Arbeitskräfte, „zehn Kriegsgefangener, darunter vier Mauer, und 15 KZ-Häftlingen", einverstanden erklärt hat. Daß die Rettungstaten keineswegs – wie so schön kolportiert – gegen den Willen der Nazis, sondern mit voller Unterstützung der städtischen Behörden sowie verschiedener NS-Organisationen vonstatten gingen, zeigt nicht nur diese Notiz. Ebenfalls am 5. November 1943 erteilte der „Gaubevollmächtigte des Generalbevollmächtigten für die Regelung der Bauwirtschaft im Gau Köln-Aachen" eine Ausnahmebewilligung für die Arbeiten am zerstörten Pfeiler. Darin wurde auch die Beschaffung von Baustoffen, darunter 45 000 Ziegelsteinen, bewilligt.

Die „Kölnische Zeitung" hatte bereits am 5. November 1943 gemeldet, daß „die NSV – die Nationalsozialistische Volkswohlfahrt – überall dort, wo es zur Linderung der Schäden erforderlich war, unverzüglich eingriff." Und vom NSDAP-Kreisleiter Alfons Schaller, der für „allgemeine Betreuungsaufgaben im Luftkrieg" zuständig war, wird berichtet, er habe mit den Kirchenbehörden verhandelt und bei der Materialbeschaffung mitgewirkt. Daß Schaller kirchliche Stellen unterstützt hat, wurde ihm vom Kanzler des Erzbistums Köln nach dem Krieg bescheinigt: „U. a. war Schaller behilflich bei der Sicherung der Diözesan- und Dombibliothek in Köln, um diese vor der Vernichtung durch die Bombenangriffe zu schützen. Er hat der Erzbischöflichen Behörde damals die nötigen Lastwagen durch seine Vermittlung besorgt und so dazu beigetragen, daß die Bibliothek und auch sonstiges kirchliches Kulturgut sicher untergebracht wurde."

Und Dr. Paul Börger, der „Retter des Domes"?

Er ist in allen Aktenstücken mit keinem Wort erwähnt. Bliebe jenes „Dokument", das Willy Weyres ausstellte – doch schon da hat die Sache einen Haken: Weyres wurde erst 1944 Dombaumeister, am 3. November 1943 weilte er nicht einmal in Köln, beim Einsetzen der Domplombe war er nicht zugegen – das heißt, Weyres konnte Börger an besagtem Tage gar nicht „dringend um Hilfe" gebeten haben. Das Schreiben stammt aus dem Jahre 1947; der langjährige Dombaumeister Arnold Wolff hat denn auch als erster die Frage gestellt, wozu Börger ein derartiges Dokument benötigte.

Nach allem, was dann bekannt (und was vom Autor in mühseliger Kleinarbeit ermittelt) wurde, handelte es sich bei diesem Schreiben um einen klassischen „Persilschein", den Börger zu seiner Entnazifizierung benötigte – vor dem Krieg war Börger nämlich hoher Funktionär des Nationalsozialistischen Lehrerbundes (NSLB) gewesen, in den er bereits am 1. April 1933 eingetreten war (Mitglied der NSDAP wurde Börger unter der Mitgliedsnummer 1949852 erst am 1. Mai 1933). Im Jahre 1935 löste er Theodor Eylert als Direktor des Deutzer Realgymnasiums ab – Eylert war den Nazis nicht genehm, Börger leitete indessen schon zu dieser Zeit die wichtige Hauptabteilung „Erziehung und Unterricht" im NSLB.

Hoher Funktionär des NSLB: Dr. Paul Börgel

Damalige Schüler des Deutzer Gymmnasiums berichteten, Börger habe wohl geglaubt, daß es möglich sei, NS-Ideologie und evangelisches Christentum miteinander zu vereinbaren. Einige Lehrer der Schule nahmen aber gerade daran Anstoß: Der katholische Religionslehrer Joseph Herkenrath ließ sich schon 1935 in den einstweiligen Ruhestand versetzen, weil er mit Börger, den er in einem Schreiben an das Generalvikariat als „hundertprozentigen Nazi" bezeichnete, nicht zusammenarbeiten mochte.

Im Mitteilungsblatt des NSLB im Gau Köln-Aachen hat Börger sich des öfteren zu Fragen der NS-Erziehung geäußert: „Die nationalsozialistische Weltanschauung weiß um die schöpfungsmäßigen Gegebenheiten von Blut und Boden, von Sitte und Gesetz, von Kameradschaft und Volkszugehörigkeit, sie stellt Erzieher und Zöglinge mitten in die Schöpfungswirklichkeit hinein." Zu Erbbiologie und Erbgesundheit heißt es, sie „verkörpern ein neues Prinzip, die Sinnerfüllung des Lebens durch Beachtung der rassischen Grundsätze".

Als NSLB-Abteilungsleiter wurde Börger auch zum Chef des Gau-Schulungslagers in Linnich ernannt, wo man die Lehrerschaft auf strammen NS-Kurs brachte. Der „selbstlose Kamerad" Börger, der seine Aufgabe darin sah, „durch selbstlose Hingabe dem Ganzen zu dienen", brachte dort den Erziehern bei, daß „echtes Bildungsziel sich sehr wohl mit dem stählernen Selbstbehauptungswillen der Jugend verträgt", „daß Zucht und Autorität wieder Mittel der Erziehung sind."

Inwieweit hinter diesen Phrasen echte Überzeugung stand, muß wohl offenbleiben. In seinem Buch über „Kölner Schulen in der NS-Zeit" bemerkt Joachim Trapp: „Börger galt in Lehrerkreisen als eher gemäßigt." Er soll zudem seine schützende Hand über Kollegen gehalten haben, die Probleme mit den Nazis hatten.

Im Zweiten Weltkrieg war Weltkriegs-I-Veteran Börger wieder Soldat. 1942 erhielt er das Deutsche Kreuz in Gold. Nach dem Krieg trat Börger, der ordinierte Theologe, eine Pfarrstelle an, zuerst in Oberhausen, dann in Düsseldorf – weil er aufgrund seiner Mitgliedschaft in der NSDAP nicht wieder in den Schuldienst übernommen werden konnte.

Daß ein Mann, der nicht an einer öffentlichen Schule unterrichten durfte, gleichwohl wieder als Gemeindepfarrer tätig werden konnte, hat der Kölner Kirchenhistoriker Hans Prolingheuer im Gespräch so kommentiert: „Das war üblich in der evangelischen Kirche. Alle, die zuviel *Dreck am Stecken* hatten, wurden weit, weit weg versetzt, wo sie niemand kannte; diejenigen, die man in keiner Gemeinde unterbringen konnte, wurden Gefängnis- oder Krankenhausseelsorger. Und dann suchte man halt nach Leuten, die irgendwann mal etwas Kritisches über das System gesagt hatten; die wurden dann Superintendent, im Idealfall waren sie durch ihre Frauengeschichten erpreßbar – und somit lenkbar. Insofern ist das, was die evangelische Kirche nach dem Krieg gemacht hat, prinzipiell noch schlimmer, als das, was sie im Dritten Reich getan hatte.“

Ob und inwieweit Börger der von Weyres ausgestellt Persilschein in seinem Entnazifizierungsverfahren geholfen hat, ist nicht bekannt. Fakt ist, daß Börger erst 1950 wieder zum Oberstudiendirektor ernannt worden ist. Daß er fünf Jahre nicht als Lehrer arbeiten durfte, daß er in dieser Zeit Pfarrer war, hat Börger später verschwiegen. Als ihn seine frühere Schule in Leverkusen im Jahre 1982 um Auskünfte über die Nachkriegszeit bat, antwortete Börger: „Ich selbst wurde noch zum Zweiten Weltkrieg eingezogen und habe im Westen wie im Osten als Major ein aktives Pionierbataillon geführt. Als ich 1950 aus der Kriegsgefangenschaft zurückkehrte, wurde ich Leiter des mathematisch-naturwissenschaftlichen Gymnasiums in Köln-Mülheim.“

Es gehört einiges dazu, das Exil in Oberhausen und Düsseldorf als Kriegsgefangenschaft zu bewerten – Börger nahm es, das läßt sich mit Bestimmtheit sagen, offensichtlich mit der Wahrheit nicht so genau, vielleicht war ihm seine Vergangenheit sogar peinlich...

Bis 1961 leitete er dann das Mülheimer Gymnasium. Seine neuerliche Übernahme in den Schuldienst soll im Rechtsrheinischen allerdings auch Erstaunen ausgelöst haben, vor allem bei Leuten, die ihn als stets in Uniform auftretenden „Goldfasan" (so nannte man hochrangige NS-Funktionäre) in Erinnerung hatten. Der spätere Buchheimer Volksschuldirektor Weingarten, der Börger in Linnich erlebt hatte, soll in den 50er Jahren sehr überrascht gewesen sein, daß der ehemalige Leiter der Gauschule plötzlich wieder als Festredner auftauchte, etwa bei einer Feier im Mülheimer Lyzeum. „Der Herr Börger hat lediglich den Begriff Vorsehung durch das Wort Gott ersetzt", so wird Weingartens Reaktion kolportiert.

Als Börger in den 70er Jahren seine herausragende Rolle bei der Rettung des Domes reklamierte, waren die meisten direkt Beteiligten, so etwa Statiker Schorn, schon tot. Und so blieb er unwidersprochen „der Retter des Domes".

Die Entscheidung von Domkapitel, Dombauverwaltung und Stadtverwaltung, die „Domplombe" langfristig entfernen zu lassen, muß nicht unbedingt dazu beitragen, daß die Geschichte von Börgers tapferer Truppe, die wider alle Befehle die Maurerkelle schwang, allmählich vergessen wird. Köln verfügt nicht nur, wie wir gesehen haben, über einen reichen Schatz schöner Sagen und Legenden – in Köln halten sie sich auch ungewöhnlich lange...

„Es begann, gemütlich zu werden"

Köln nach 1945

Ein prominenter Kölner, der Soziologe Alphons Silbermann, erlebte den 6. März 1945 als Emigrant in Sydney: „Als ich hörte, Köln sei total zerstört und den Amerikanern in die Hände gefallen, dachte ich: Geschieht ihnen recht, den Kölnern!"
Na, na, na, Herr Professor...

Im Gefolge der Panzer- und Infanteriedivisonen des VII. Korps der US-Army, die Köln an besagtem 6. März 1945 besetzten, kamen die amerikanischen Photojournalistinnen Margaret Bourke-White und Lee Miller in die völlig zerstörte Stadt. „Köln war die erste große Ruinenstadt, die ich sah", schrieb Bourke-White später im *Life Magazine,* „sie entsprach dem Ausmaß der Katastrophe, die über die Nazis gekommen war." Lee Miller schilderte in der Zeitschrift *Vogue* das Leben der Einheimischen – die „Unterwürfigkeit, Heuchelei und Anbiederung" der Kölner stieß sie regelrecht ab. „Ich war irritiert und irgendwie auch beleidigt durch schleimige Einladungen zum Essen in den Keller-Wohnungen, andererseits amüsierte ich mich über die Kühnheit der Deutschen, die darum bitten, in einem Militärwagen mitfahren zu dürfen. Warum machen sie das? Wer, denken sie, sind meine Freunde und Landsleute, wenn nicht die bombardierten Londoner und die mißhandelten französischen Kriegsgefangenen? Welche Art von Idiotie und Dummheit macht sie blind gegenüber meinen Gefühlen? Von welchen Fluchtzonen in den unbelüfteten Alleen ihrer Gehirnwindungen aus versteigen sie sich zu der Idee, daß sie nicht in einer eroberten Stadt leben, sondern befreit wurden?"

In der Tat: Die Amerikaner waren höchst erstaunt über den Empfang, der ihnen in Köln bereitet wurde. Ein Unteroffizier der Panzertruppen, Sergeant Francis W. Mitchell, schilderte auf einer eigens anberaumten Pressekonferenz im Alliierten Hauptquartier in Paris die ersten Eindrücke der Soldaten – sie seien in Köln praktisch als Befreier eingezogen, zuerst hätten die Einwohner weiße Fahnen geschwenkt, dann aber, als ihnen klar wurde, daß keine Gefahr drohe, hätten Freude und Erleichterung überhandgenommen: „Die Leute warfen den Soldaten ganze Brote zu und brachten ihnen Marmelade, eingemachte Kirschen, Bier und Bretzel. Dann trugen einige Mädchen – sehr hübsche im übrigen – einen Phonographen heraus und spielten Platten ab. Es begann, richtig gemütlich zu werden."
Wie immer: Kumm, loß mer fiere...

Mitarbeiter der amerikanischen Aufklärung konnten das nur bestätigen: „Einige Bierhausbesitzer boten Freibier und Wein an. Leute, die an der Straße standen oder in ihren Fenstern lagen, schauten äußerst wohlwollend auf die neuen Helden. Männer tippten an ihre Hüte und sagten Guten Morgen, Mädchen setzten ihr verführerischstes Lächeln auf. Zivilisten zeigten eine große Neigung, den Soldaten auf die Schulter zu klopfen und riefen ihnen scherzhafte Bemerkungen zu. Überall war ein mehr oder weniger aufrechtes Gefühl der ‚Befreiung, zu spüren, wurden Panzer von Zivilisten angehalten, die in gebrochenem Englisch oder auf gut Deutsch einfach sagten: ‚Endlich seid Ihr gekommen, wir haben fünf Jahre (!) auf Euch gewartet.'"

Eine Stadt, die unter den Nazis sehr gelitten hat, fühlte sich zwangsläufig befreit – leider haben die Amerikaner das nicht ganz verstanden: „Vieles davon ist offenkundig nicht echt – überschwengliche Begeisterung und lächelndes Entgegenkommen sind den Menschen in dieser Gegend schon immer leichtgefallen. Die Opportunisten verraten sich zwangsläufig durch ihren Eifer, die in der Stadt verbliebenen Nazis anzuschwärzen oder mit Fingern auf sie zu zeigen. Es ist nützlich, in diesem Zusammenhang daran zu erinnern, daß ein führender Zentrumspolitiker sein Zusammengehen mit den Nazis einst zynisch in Kölner Mundart verteidigte: ‚Mer Kölner sin wie der leeve Gott – immer mit der sterkste Battallione.‘ Offensichtlich sitzt der Schuh nun am anderen Fuß“, bemerkte ein Nachrichtenoffizier, der ebenso offensichtlich mit der kölnischen Mentalität hinlänglich vertraut war. „Männer wie Frauen haben nurmehr die schlimmsten Schmähungen für das Hitler-Regime und den Krieg übrig“, registrierte ein Offizier der Psychological Warfare Division (PWD). George Orwell, der Köln Ende März 1945 besuchte, stellte einiges richtig – aber nur einiges: „Eine gewisse Servilität, über die sich Beobachter bereits ausgelassen haben, ist mir nicht aufgefallen. Freilich, einige *Deutsche* (nicht Kölner! Anm. des Autors) versuchen schon, sich anzubiedern, sie lungern ständig um die Büros der Militärverwaltung herum und ziehen eilfertig ihre Hüte.“

In einem weiteren PWD-Bericht wurde darauf hingewiesen, daß „in allen Teilen der Stadt Zivilisten durch Geschäfte und Wohnungen ziehen – und plündern. Der gesamte private Besitz ist zum ‚Eigentum‘ der breiten Masse geworden.“ Eine Beobachtung, die der Schriftsteller Stephen Spender, der das Rheinland im Sommer 1945 für die BBC bereiste, ebenfalls machte – sein Eindruck von den Kölnern: „Sie verhalten sich wie Parasiten, die an einem Kadaver fleddern, in Ruinen nach verschütteten Nahrungsmittel graben und ihren Geschäften auf dem Schwarzmarkt nachgehen. Sie leben in Kellern und jagen inmitten der Ruinen nach Beute, nach den Überbleibseln einer toten Zivilisation." Die PWD-Offiziere gaben dennoch umgehend nach Washington weiter, daß die Kölner die Amerikaner weit freundlicher empfangen hätten als das Gros der Deutschen – „die Kölner vergaßen auch nie darauf hinzuweisen, daß sie genug gelitten hätten, ihre Strafe sozusagen schon in den Kellern und Luftschutzbunkern abgesessen hatten und nun der Nachsicht und Hilfe bedurften."

Der PWD-Mitarbeiter Edward Y. Hartshorne hat ein sehr bezeichnendes Gespräch mit seiner deutschen Sekretärin, Fräulein Opladen, festgehalten; zum Thema Bombardierungen meinte Frl. Opladen: „Es war schrecklich. Fünfeinhalb Jahre Krieg waren zuviel. Als alles vorbei war, fühlten wir uns, als wären wir befreit worden, und wir waren ziemlich enttäuscht, als Sie hierher kamen und uns wie Feinde behandelten." Dagegen führte Hartshorne die Greueltaten der Nazis ins Feld – Frl. Opladen: „Sie meinen die Sache mit den Konzentrationslagern? Das ist sehr unangenehm für uns; aber wir haben schon zuviel Leid ertragen müssen – wenn irgend jemand unter den Nazis auch nur ein Wort über die Konzentrationslager verloren hätte, wäre er selbst hineingesteckt worden."

„Die Offiziere und Journalisten, die Anfang März die Freilassung der politischen Gefangenen in Köln miterlebten und im April Einzelheiten über die Konzentrationslager erfuhren", schreiben Reinhold Billstein und Eberhard Illner in ihrem Buch „You are now in Cologne", „zeigten sich schockiert über eine deutsche Bevölkerung, die nicht zur Kenntnis nehmen wollte, was an Verbrechen gegen die Menschlichkeit in ihrer unmittelbaren Umgebung begangen worden war: 120 Fremd- und Zwangsarbeiterlager waren überall im Stadtgebiet errichtet worden, und nach Luftangriffen zogen Kolonnen aus dem

Konzentrationslager auf dem Deutzer Messegelände durch die Stadt, um Bombentrichter zu füllen und Blindgänger zu beseitigen." Nur wenige Kölner hätten 1945 die Einsicht und die Kraft besessen, die Frage nach der Schuld selbstkritisch zu stellen. „Die Mehrheit sah sich als Opfer und verdrängte, was diese Rolle in Frage stellte."

Zur Minderheit zählte der Kunsthistoriker Heinrich Lützeler, der 1947 sehr dezidiert formulierte: „Wer den totalen Krieg will, muß auch mit der Möglichkeit der totalen Vernichtung rechnen." Niemand fühlte sich von diesen Worten angesprochen – wer in Köln hatte schon den totalen Krieg gewollt?

Zum Sprecher der Mehrheit machte sich indessen einer, der es eigentlich hätte besser wissen sollen: „Keine andere Stadt ist vom Krieg so schwer getroffen worden – und dabei hatte sie es am wenigsten verdient, denn nirgendwo ist dem Nationalsozialismus bis 1933 so offener und seit 1933 so viel geistiger Widerstand geleistet worden." Der Kölner Konrad Adenauer, von den Nazis als OB abgesetzt und im Herbst 1944 eingekerkert, sprach 1946 in der Aula der Universität aus, was die meisten Kölner denken. Adenauer – ein Zyniker? Es ist hinlänglich bekannt, daß „der Alte" bei der Durchsetzung seiner politischen Vorstellungen auch skrupellos vorgehen konnte; und es ist kein Zufall, daß er seine treuesten Paladine, etwa den Staatssekretär Globke, aus dem Heer ehemaliger Parteigenossen rekrutierte – deren Loyalität konnte er gewiß sein...

Mit seiner Rede stellte Adenauer der ganzen Stadt sozusagen einen „Persilschein" aus – der von den Kölnern, auch von den Lokalhistorikern begierig aufgegriffen wurde. Bis in die 60er Jahre, so hat ein kluger Kopf analysiert, konnte man den Eindruck gewinnen, daß „der Nationalsozialismus in der Region praktisch gar nicht existiert hat", daß das „Dritte Reich" nur als historischer Rahmenzusammenhang zu berücksichtigen sei. In der „Kleinen illustrierten Geschichte der Stadt Köln" faßten Hans Welter und Helmut Lobeck die Jahre 1933 bis 1939 auf knapp zwei Seiten unter der Kapitelüberschrift zusammen: „Brutale Gewalt regiert in Köln." Die nächsten sechs Jahre wurden konsequenterweise unter die Headline „Köln wird zerstört" gestellt.

Wiederum ein Kölner, der spätere Nobelpreisträger Heinrich Böll, machte sich da schon etwas komplexere Gedanken, als er 1945 in seine Heimatstadt zurückkehrte: „Wenn ich Bekannte wiedertreffe, versuche ich mich daran zu erinnern, was sie im Jahre 1940 sagten und dachten, im Jahr des Sieges und Glanzes." Die Deutschen hätte man nicht 1933 kennenlernen können, sondern im Siegesrausch des Jahres 1940, „als Marschallstäbe wie Manna vom Himmel fielen." Böll erinnerte sich an Bombennächte, in denen seine Mutter im Luftschutzkeller regimekritische Bemerkungen machte – „in Gegenwart eines Strebers, der nicht Mitglied der Nazipartei war, es auch nie wurde; er war nur von einem damals noch ziellosen Ehrgeiz erfüllt, der sich auf die Unteroffizierskarriere konzentrierte. Das Leben meiner Mutter hing nicht an einem Haar, sondern am Gewissen eines Ortsgruppenleiters, der dann die Denunziation nicht weitergab." Der junge Streber, so Böll, sei im Jahre 1946 einer der Favoriten der CDU fürs Stadtparlament gewesen, „wahrscheinlich saß da der Ortsgruppenleiter, der meiner Mutter das Leben rettete, in einem Internierungslager."

Das „Schlimme an der Geschichte" in Köln war für Böll die Tatsache, daß die Leute, „die sehr viel riskieren konnten", überhaupt nichts riskiert hätten. „Nehmen wir die Universitätsprofessoren in ihrer Gesamtheit, nehmen wir die Generäle, nehmen wir die Industrie, also die Leute, die die Weimarer Republik beherrscht haben und einen ungeheuren Einfluß hatten – die haben gar nichts riskiert." Ihn habe beeindruckt und gleichzeitig empört, daß beispielsweise die Universität Köln, „an der eine Reihe importanter Leute lehrten", schneller gleichgeschaltet war als „das Straßenbahndepot Köln-Ehrenfeld. "

Auf den Spuren Bölls erzählt „Geschichtenerzähler" Martin Stankowski in einem sehr schönem Text die Geschichte der Nord-Süd-Fahrt – der Kölner nennt diese wichtige innerstädtische Verkehrsachse historisch korrekt „NS-Fahrt"; geplant wurde sie nämlich unter den Nationalsozialisten.

„Eine eigene ‚Planungs-GmbH' wurde installiert, die nach dem Sieg die neuen deutschen Städte errichten sollte", schreibt Stankowski, „es wurde zwar eine Niederlage, aber die Planer blieben, die Firma wurde in ‚Wiederaufbau Gmbh, umbenannt, und die Nord-Süd-Fahrt entsprechend gebaut." Daß dabei ein höchst lebendiges Veedel um die berühmte Straße UKB (Unter Krahnenbäumen) rücksichtslos durchschnitten und letztlich weggeplant wurde, regte nur die Betroffenen auf – und Böll. Im Begleittext zum Bildband „Unter Krahnenbäumen" schrieb er 1958: „Straßen wie diese bilden sich nicht mehr neu; wie alles, was heidnische Züge hat, sind sie an uralte Konventionen gebunden und an den Ort, an die Laren; sie sind nicht zu verpflanzen, ihr Geist geht unter mit dem Ort, an dem sie lagen. Straßen wie diese können nur als Ganzes leben, nicht in Partikeln, sie sind wie Pflanzenkolonien, die sich aus uralten Wurzeln nähren; in ihnen lebt es noch, uralt, stolz, unnahbar und seinen Gesetzen treu: Volk."

Es gäbe in dieser – stadtplanerischen – Hinsicht noch viel mehr über Köln zu sagen, aber, um mit Böll zu schließen, „Köln hat nach Domjubiläum, Papstbesuch und Museum Ludwig Publicity genug – außerdem fließt der Rhein ja weiter."

Köln ist nicht Provinz,
aber provinziell.
(Anton Merkenich, Philosoph)

Epilog
Kölle bliev Kölle

Braucht die Stadt neue Mythen?

Warum ist es am Rhein so schön?
Gute Frage.
Der vielbesungene Fluß bahnt sich seit Jahrtausenden mit un-
gerührter Behäbigkeit seinen Weg in die Nordsee; Potamolo-
gen (Fließwasserwissenschaftler) haben ihn in mehrere Teile
zerlegt, in den Vorder- und Hinterrhein (in der Schweiz), den
Alpenrhein (noch immer Schweiz), den Abschnitt, wo er den
Bodensee durchquert (!), den Hochrhein (der bildet teilweise
die Grenze zwischen der Schweiz und Deutschland), den
Oberrhein (der hält Baden und das Elsaß auseinander), den
Mittelrhein (hier, genauer bei Mainz, beginnt der *eigentliche*
Rhein, der von Loreley und Drachenfels; bei Bonn endet dann
leider die *Rheinromantik),* den Niederrhein (jetzt wird es flach,
wir nähern uns Holland) und die Mündung (jetzt sind wir in
Holland, wo der Rhein schon gar nicht mehr Rhein heißt,
sondern Waal, Leek und Ijssel oder sonstwie).

Geomorphologisch gehört der Teil, der an Köln vorbeifließt, zum Niederrhein; von der sprach- und mentalitätsgeschichtlichen Zugehörigkeit der Anwohner zum Mittelrhein, dem *eigentlichen* Rhein. Ihre Anhänglichkeit an diesen, den romantischen Rhein haben die Kölner – es ist schon mehrfach gewürdigt worden – in Lyrik, Volks- und Karnevalsliedern hinlänglich unter Beweis gestellt; der Rhein hingegen hat diese Anhänglichkeit seltsamerweise nicht mit Gleichem vergolten. In den zwei Jahrtausenden, in denen die Stadt vom Rhein zu profitieren glaubte, hat der die Kölner mit ungezählten Hochwassern heimgesucht, teilweise schlimmer noch waren – historisch gesehen – Niedrigwasser, wie etwa 1387, als man sein Bett durchwaten konnte. Und daß der Fluß nicht unbedingt zu Köln hält, zeigen seine Versuche, den „Kölner Bogen" (bei Weiß schwingt der Rhein nach Westen aus, diesen Schwung beendet er an der Mündung des Strunderbaches) zu verlassen und einen geraden Weg einzuschlagen, von Westhoven nach Mülheim. Seit dem Mittelalter hegten und pflegten die Kölner die sogenannten „Poller Köpfe", Strombauten aus Basalt- und Unkelsteinen, die verhindern sollten, daß der Rhein sein Bett verläßt – und Köln, wie etwa Brügge, versandet. Wo der Rhein *eigentlich* zu fließen gedachte, deutete er beim furchtbaren Hochwasser des Jahres 1784 an – da durchbrach er die Poller Gewerke, nahm seinen Weg zwischen Deutz und Kalk und überschwemmte das alte Mülheim sozusagen „von hinten".

Der Nobelpreisträger Heinrich Böll, der das wohl alles nicht wußte, hat dem Rhein in einem seiner „Beiträge zur deutschen Literatur und Kunst der Gegenwart" (so der schöne Untertitel der Zeitschrift „Jahresring") ein nobelpreiswürdiges Denkmal gesetzt. „Der Rhein ist männlichen Geschlechts, keltisch ist sein Name, römischen Ursprungs sind die Städte an seinem Ufern… Der Rhein hat nichts von seiner sprichwörtlichen rheinischen Verbindlichkeit, bis in die Neuzeit hinein, die ein sechshundert Meter breites Wasser als kein Hindernis erachtete, bewies er, daß er Grenze ist... Außer Basel ist es keiner Stadt gelungen, mit beiden Hälften so am Rhein zu liegen, wie eine Stadt an der Seine, am Tiber, an der Themse liegen kann... Der Rhein fließt nicht durch Städte hindurch, er fließt an ihnen vorbei."

Bemerkenswert vor allem Bölls Beharren auf seiner linksrheinischen Identität: „Es wird Deutsch gesprochen in Köln und Deutz (!), und doch, wenn man auf dem linken Rheinufer geboren ist, löst eine Fahrt über eine Brücke von Ost nach West Gefühle aus, die älter sind, als man je werden kann." Zum Schluß wird der Dichter zum Philosophen: „Nicht einmal der Industriedreck nimmt dem Rhein seine Majestät... Er bleibt die Majestät und läßt alles, was an seinen Ufern geschieht, als vorübergehend erscheinen."*

Es war folgerichtig Majestätsbeleidigung, als im Jahre 1972 der Schriftsteller und Psychologe Heiko Deeters in einem „Notizbuch" – neben Hans Bender, Günter Wallraf, Paul und Inge Schallück und anderen (u. a. Böll) – tagebuchartige Aufzeichnungen veröffentlichte und gerade diesen unverbindlichen Fluß als „Kloake" und die Kölner Brücken als „Donnerbalken" bezeichnete. Schlimmer noch – Deeters beleidigte eine ganze Stadt: „Niemand scheint zu wissen, was die Stadt will; sie liebäugelt mit der Kunst, krankt am FC, wirft Pflastermaler hinaus, renoviert die Museen und baut Autobahnen um sich herum. Das Ziel ist Ordnung und das Resultat Klüngelei. Sie schläft mit jedem und erreicht nichts..."

Für diese ungeheuerlichen Vorwürfe, die heute niemand mehr erheben würde (abgesehen vielleicht von denen bezüglich Kunst und FC, Museen und Autobahnen, Klüngel und Beischlaf) wurde Deeters zu Recht zurechtgewiesen: „Der Autor ist verrückt", faßte der damalige Bürgermeister Hermann Jacobs (FDP) die allgemeine Stimmung zusammen. Oberbürgermeister Theo-„Döres" Burauen (SPD) ließ später verlautbaren, man müsse in Zukunft über eine sinnvollere Verwendung von Steuergeldern nachdenken – das „Notizbuch" war mit öffentlichen Mitteln gefördert worden.

Kritik, so haben es die Kölner viel lieber, sollte von außen geäußert werden – dann, das wissen wir bereits, muß man sie nämlich nicht registrieren.

Grundsätzlich wird es in Köln so „gehändelt", daß man kleine Fehler im Erscheinungsbild der Stadt und ihrer Bewohner, wenn man sie schon nicht kaschieren kann, großzügig übersieht oder entschuldigt; wie im Falle der Milieugröße Heinrich Schäfer, die wegen ihres bemerkenswert großen Zinkens liebevoll „Schäfers Nas" genannt wurde. „Die Nas" hatte im Puff einige Nasen seiner Damen „zerdötscht", war auch sonst kein Anhänger Ghandi'scher Bedürfnis- und Gewaltlosigkeit und saß wegen Förderung der Prostitution und anderer Delikte einige Jährchen im Knast. (In Köln sind positive Beinamen immer weiblich: „die Aap" – der unvergeßliche Peter Müller; „die Bums" – der mit einem begnadetem Schuß ausgestattete Fußballer Hans-Günther Habig.) Aber – Heinrich Schäfer beschaffte der Hohen Domkirche vor nicht allzu langer Zeit eine gestohlene Monstranz wieder, bevor er 1997 an den Folgen eines Herzinfarktes starb.

Kein Jahr später erlebte der Verblichene eine „Heiligsprechung op Kölsch" – das Millowitsch-Theater, das, wie erwähnt, während des „Tausendjährigen Intermezzos" dazu beitrug, der Stadtgemeinschaft das Überleben abseits der braunen Volksgemeinschaft zu sichern, brachte Schäfers Leben und Sterben auf die Bühne. Der Tenor des Stückes „Der König vom Friesenplatz" lautete letztlich, auf gut Hochdeutsch: „Eigentlich war er ein guter Mensch" – in Köln wird das so subsumiert: „Ich ben ene kölsche Jung, wat wellste maache?"

Selbst unser guter Jürgen Becker, ein echter kölscher Jung, der das „Hätz" auf der Zunge trägt, hat in seinem Programm „Da wissen Sie mehr als ich" einen anderen Kölner als Lichtgestalt verklärt, den „Alten", Konrad Adenauer. „Das war schon eine Leistung, daß ein Volk, das ursprünglich einen Führer wollte, sich mit Adenauer begnügte, oder besser gesagt, vergnügte… Ich habe noch nie in meinem Leben CDU gewählt, aber bei Adenauer wäre ich womöglich schwach geworden, denn als Wähler suche ich mir die Politiker vor allem nach ihrem Unterhaltungswert aus. Der Kurt Schuhmacher hätte vielleicht die bessere Politik gemacht, aber bei Adenauer gab es einfach mehr zu lachen."

Da war er noch locker: Konrad Adenauer als Kölner OB

Da bleibt selbst manchem Kölner das Lachen im Halse stecken – „da wissen Sie mehr als ich, Herr Becker." Adenauers Leistungen als Kölner Oberbürgermeister (bis 1933) sind unumstritten – doch viele Leute um die Fünfzig (und darüber) verbinden mit seinem Namen beziehungsweise mit seiner Amtszeit als erster Kanzler der Bundesrepublik, der „Ära Adenauer", eher negative Erinnerungen; die 50er Jahre gelten im Rückblick nicht zu Unrecht als eine Zeit, als die alten Nazis in Schlüsselpositionen in Politik und Wirtschaft zurückkehrten, als die Wiederbewaffnung beschlossen wurde, als Kommunisten wieder verfolgt wurden, als Bonner Provinzialität und kleinbürgerlicher Mief das allgemeine Klima bestimmten, als kollektives Vergessen angesagt war – selbst der Begriff „Wirtschaftswunder" ist unter Rheinländern nicht unbedingt positiv besetzt; das war mit viel Arbeit verbunden.

Arbeit gilt in Köln nämlich keineswegs als Wert an sich. Keiner hat das so schön verdeutlicht, wie der Schlesier August Kopisch in seinem Gedicht „Die Heinzelmännchen von Köln". Bis zu einem nicht genannten Zeitpunkt, so ist da gereimt, hätten die Heinzelmännchen nächtens das vollbracht, was die Kölner eigentlich tagsüber zu erledigen hatten. Kurzum – niemand in Köln brauchte zu arbeiten. Das war schön – doch dann vertrieb eine Schneidersfrau durch ihre Neugier die kleinen Kobolde. Resultat: „Man kann nicht mehr wie sonsten ruh'n, man muß nun alles selber tun! Ein jeder muß fein selbst fleißig sein." Das war nicht mehr schön…
Wenn es einen historischen Kern dieser Sage gibt, dann muß er ins erste Drittel des 14. Jahrhundert gelegt werden: Nach 1322, das wissen wir, setzte eine allmähliche Stagnation beim Dombau ein…

Doch kommen wir zum Ende, zu einem guten Schluß: Wie singen die Bläck Fööss? „Dat Wasser vun Kölle is joot" – auch die *Idee von Köln,* das muß einmal in aller Deutlichkeit gesagt werden, ist gut; vielleicht liegt das Problem ja darin, die Realität der Idee anzunähern – was aber Arbeit bedeuten würde. Vielleicht wäre die Idee auch gar nicht so populär, wenn sie nicht immer wieder mittels permanenter Selbstbeweihräucherung und immerwährenden Sich-auf-die-Schulter-Klopfens vorgetragen werden würde.

Es gibt halt Argumente, die leuchten erst dann ein, wenn man sie immer wieder wiederholt.

Verzeichnis der benutzten Literatur

(Auswahl)

Adenauer, Konrad – Oberbürgermeister von Köln, hrg. von Hugo Stehkämper. Köln 1976.

Bayer, Josef: Die Franzosen in Köln. Köln 1925.

Becker, Hans M.: Äbte, Kies und Duffesbach. 3. Aufl. Köln 1990.

Becker, Jürgen: Da wissen Sie mehr als ich. 2. Aufl. Köln 1999.

Bendel, Johann: Die Stadt Mülheim am Rhein. 3. Aufl. Köln 1981.

Bergerhausen, Hans-Wolfgang: Die Stadt Köln und die Reichsversammlungen im konfessionellen Zeitalter. Köln 1990.

Billstein, Reinhold und Eberhard Illgner: You are in Cologne. Compliments. Köln 1995.

Böll und Köln, hrg. von Viktor Böll. Köln 1994.

Bönisch, Georg: Köln und Preußen. Köln 1982.

Braubach, Max: Kurköln. Münster 1949.

Das Buch Weinsberg. Aus dem Leben eines Kölner Ratsherrn, hrg. von Johann Jakob Häßlin. 4. Aufl. Köln 1990.

Die Cronica van der hilliger stat van Coellen. Die Koelhoffsche Chronik. Faksimile Köln 1972.

Deeters, Joachim: Der Nachlaß von Ferdinand Franz Wallraf. Köln/Wien 1987.

Diederich, Toni (Bearb.): Revolutionen in Köln 1074–1919. Köln 1973.

Dietmar, Carl: Chronik Köln. 3. Aufl. München/Gütersloh 1996.

Dietmar, Carl/Werner Jung: Kleine Illustrierte Geschichte der Stadt Köln. Köln 1996.

Ennen, Leonhard: Geschichte der Stadt Köln. 5 Bde., Köln/Neuss/Düsseldorf 1863–1880.

Frohn, Robert: Köln 1945–1981. Köln 1982.

Fuchs, Peter: Chronik zur Geschichte der Stadt Köln. Bd. 1, Köln 1990.

Fuchs, Peter/Max-Leo Schwering/Klaus Zöller: Kölner Karneval. Köln 1997.

Groten, Manfred: Köln im 13. Jahrhundert. Köln/Weimar/Wien 1995.

Herborn, Wolfang: Die politische Führungsschicht der Stadt Köln im Spätmittelalter. Bonn 1977.

Irsigler, Franz und Arnold Lassotta: Bettler und Gaukler, Dirnen und Henker. Köln 1984.

Die französischen Jahre. Katalog der Ausstellung im Historischen Archiv der Stadt Köln. Köln 1994.

Janssen, Wilhelm: Das Erzbistum Köln im späten Mittelalter (1191–1515), 1. Teil. Köln 1995 (Die Geschichte des Erzbistums Köln, Bd. II,1).

Jatho, Carl Oskar: Eine Stadt von Welt. Köln/Berlin 1958.

Justitia Colonienis, hrg. Adolf Klein und Günter Rennen. Köln 1981.

Klein, Adolf und Kurt Pillmann: Vom Praetorium zum Paragraphenhochhaus. Köln 1986.

Klein, Adolf: Köln im 19. Jahrhundert. Köln 1992.

Klersch, Joseph: Volkstum und Volksleben in Köln. 3 Bde., Köln 1965–1968.

Köln in alten und neuen Reisebeschreibungen, hrg. von Eka Donner. Düsseldorf 1990.

Köln nach dem Krieg, hrg. von Georg Mölich und Stefan Wunsch. Köln 1995.

Kopisch, August: Die Heinzelmännchen zu Köln. Frankfurt 1989.

Laum, Dieter und Rüdiger Pamp: Das Oberlandesgericht Köln und sein Bezirk im Nationalsozialismus. In: Rheinische Justiz, hrg. von Dieter Laum, Adolf Klein und Dieter Strauch. Köln 1994.

Lee Miller's War, hrg. von Antony Rose. Boston/Toronto/London 1992.

Liessem, Thomas: Kamelle und Mimosen. Köln 1965.

Looz-Corswarem, Clemens Graf von: Das Finanzwesen der Stadt Köln im 18. Jahrhundert. Köln 1978.

Meyer, Jürgen: Organisierter Karneval und „Narrenrevolte" im Nationalsozialismus. In: Geschichte in Köln, Heft 42, 1997.

Militzer, Klaus: Ursachen und Folgen der innerstädtischen Auseinandersetzungen in Köln in der zweiten Hälfte des 14. Jahrhunderts. Köln 1980.

Militzer, Klaus: Die Kölner Gaffeln in der zweiten Hälfte des 14. Jahrhunderts und zu Beginn des 15. Jahrhunderts. In: Rheinische Vierteljahrsblätter Heft 47, 1983.

Militzer, Klaus: Collen eyn kroyn boven allen steden schoyn. In: Colonia Romanica Heft 1, 1986.

Nicolini, Ingrid: Die politische Führungsschicht in der Stadt Köln gegen Ende der Reichsstädtischen Zeit. Köln/Wien 1979.

Notizbuch: Neun Autoren – Wohnsitz Köln. Köln 1972.

Öde Orte, hrg. von Jürgen Roth und Rayk Wieland. Leipzig 1998.

Oediger, Friedrich Wilhelm: Das Bistum Köln von den Anfängen bis zum Ende des 12. Jahrhunderts. 3. Aufl. Köln 1991 (Die Geschichte des Erzbistums Köln, Bd. I).

Oelsner, Wolfgang und Rainer Rudolph: Karneval ohne Maske. Köln 1987.

Parent, Thomas: Die Hohenzollern in Köln. Köln 1981.

Schlegel, Klaus: Köln und seine preußischen Soldaten. Köln 1979.

Schmidt, Gérard: Kölsche Stars. Köln 1992.

Schwering, Max-Leo: Freiheit der Narren – Narrenfreiheit? In: Der Name der Freiheit, hrg. von Werner Schäfke. Köln 1988.

Schwering, Max-Leo: Kölner Karnevalsorden 1823–1914. Köln 1989.

Signon, Helmut: Wie war zu Köln es doch vordem … Frankfurt 1972.

Stankowski, Martin: Köln – der andere Stadtführer. 6. Aufl. Köln 1995.

Der Tag bei Worringen, hrg. von Wilhelm Janssen und Hugo Stehkämper. Köln 1988.

Trapp, Joachim: Kölner Schulen in der NS-Zeit. Köln/Weimar/Wien 1994.

Tümmers, Horst-Johannes: Die schönsten Sagen und Legenden aus Köln. Essen 1984.

Tümmers, Horst-Johannes: Der Rhein. München 1994.

Versteckte Vergangenheit. Über den Umgang mit der NS-Zeit in Köln, hrg. von Horst Matzerath, Harald Buhlan und Barbara Becker-Jákli. Köln 1994.

Vollberg, Stefan und Hansherbert Wirtz: Hinger d'r Britz. Köln o. J.

Weyden, Ernst: Köln am Rhein vor fünfzig Jahren. Köln 1862 (Neudruck: Köln 1976).

Widerstand und Verfolgung in Köln 1933–1945, hrg. von Hugo Stehkämper. Köln 1988.

Wolff, Gerta: Das Römisch-Germanische Köln. 4. Aufl. Köln 1993.